MÉMOIRES

DU GÉNÉRAL

TOUSSAINT-L'OUVERTURE

ÉCRITS PAR LUI-MÊME.

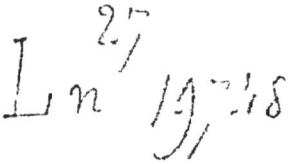

LE MÊME OUVRAGE SE TROUVE :

A Saint-Thomas, chez M. GUILLERUP.
Au Cap-Haïtien, chez M. THERLONGES fils.
A Jacmel, chez M. ULTIMO LAFONTANT.
Au Port-au-Prince, chez M. ROMULUS VILLEMENEY.
A Jérémie, chez M. RICHEMONT ROUZIER.
Aux Cayes, chez M. THIMAGÈNE RAMEAU.
Aux Gonaïves, chez l'AUTEUR.

SAINT-DENIS. — TYPOGRAPHIE DE PRÉVOT ET DROUARD.

MÉMOIRES
DU GÉNÉRAL
TOUSSAINT-L'OUVERTURE

ÉCRITS PAR LUI-MÊME,

POUVANT SERVIR A L'HISTOIRE DE SA VIE,

ornés d'un beau portrait gravé par Choubard,

PRÉCÉDÉS

D'UNE ETUDE HISTORIQUE ET CRITIQUE,

SUIVIS DE NOTES ET RENSEIGNEMENTS,

Avec un APPENDICE contenant les opinions de l'Empereur Napoléon Ier sur les événements de Saint-Domingue,

PAR SAINT-REMY (des Cayes, Haiti),

avocat aux cours impériales de l'Ouest et du Sud.

PRIX : 3 FR.

PARIS
PAGNERRE, LIBRAIRE-ÉDITEUR
RUE DE SEINE, 18

—

1853

A Madame

Mistress Harriet Beecher STOWE,

auteur du roman philosophique :

La Case de L'Oncle Tom, ou Vie des Nègres aux États-Unis.

Madame,

Permettez-moi de mettre sous la protection de votre illustre renom les *Mémoires* qu'écrivit le *Premier des Noirs* sur l'histoire de sa vie, ainsi que l'*Étude* dont j'ai fait précéder ces *Mémoires*. C'est un hommage que je crois devoir vous rendre, en ma qualité de membre de la race opprimée dont vous avez si généreusement, si glorieusement et si heureusement entrepris la cause.

Si la splendeur de vos talents assure à votre nom l'immortalité, la grandeur de votre âme n'assure-t-elle pas à votre personne l'estime, l'admiration et la reconnaissance des hommes de ma couleur?

C'est au sein des États de l'Union qu'il faut aujourd'hui attaquer l'esclavage, comme vous l'avez si bien fait; vous réussirez a vaincre le monstre, parce que vous avez pour vous la vérité, — fille du ciel.

N'est-ce pas, madame, qu'il est honteux qu'au xix⁰ siècle du christianisme, la diversité de l'épiderme puisse servir encore dans quelques contrées de signe de proscription entre les différentes branches de la famille humaine?

Daignez, madame, agréer l'expression de mon dévoûment aussi sincère que respectueux.

SAINT-REMY.

Paris, le 1ᵉʳ février 1853.

ÉTUDE

HISTORIQUE ET CRITIQUE.

L'oligarchie coloniale n'épargna aucun moyen de compression, aucun raffinement de barbarie pour maintenir sur la race africaine et ses descendants le poids de sa toute-puissante exploitation. Alors, comme pour légitimer la violation de tous les principes du droit naturel, on proclama tout haut l'inaptitude intellectuelle et morale de cette race. Mais qui s'étonnerait donc que, sous l'empire de l'esclavage, le nègre soit resté si longtemps étranger aux bienfaits de la civilisation? « Le moyen de marcher, a dit le chancelier Bacon, quand on a un bandeau sur les yeux et des fers aux pieds [1] ! » Aussi l'homme noir lui-même se crut fatalement condamné par la nature à l'obéissance et à la servitude. Bien plus n'a-t-on pas vu l'homme blanc dans

---

[1] *Vovum Organum.*

le même état de dégradation, alors que les ténèbres du moyen âge couvraient de leurs voiles l'intelligence des peuples européens? Ce double phénomène prouve que l'esclavage enfante partout les mêmes maux. N'est-ce pas alors le comble de la perfidie que de dire au nègre : *Tu resteras esclave parce que tu es ignorant.* A cela ne pourrait-on pas répondre : s'il est ignorant, c'est qu'il est esclave ?

L'Egypte, qui fut le centre d'une grande civilisation, n'était peuplée que de noirs. Ces noirs ne créèrent-ils pas des choses prodigieuses qui jusqu'à présent font l'objet de notre admiration ? — Que si l'on ne veut pas admettre que la population primitive de l'Egypte fût noire, — contre l'autorité d'Hérodote, qui visita ces contrées sous les Pharaons [1] ; de Volney, qui, par sa propre investigation, confirma l'expérience de son devancier [2] ; d'un grand nombre d'autres savants des temps antiques et modernes, — ne suffirait-il pas, comme on l'a déjà souvent fait remarquer, de voir le célèbre Sphinx [3], pour y reconnaître parfaitement le type distinctif de la race éthiopienne ?

Mais en concédant que la population égyptienne fût d'origine caucasienne, — l'on sait, à n'en pas douter, qu'au moment où la terre des Pharaons était au plus haut degré de civilisation, l'Europe était dans la plus complète barbarie ; rien n'y manquait pour caractériser l'état sauvage,

---

[1] Hérodote, traduction de Larcher, Paris, 1786, livre II, § 104.
[2] Volney, *Voyage en Egypte*, Paris, 1787, t. 1, page 72.
[3] Sphinx, espèce de Dieu de l'antique Egypte. Il se trouve près des Pyramides, à 12 myriamètres du Caire, vers l'occident. Sa grandeur est telle qu'il a dû être taillé sur place dans un immense rocher. Il est enfoui dans les sables jusqu'aux épaules. Il a, dit Volney, la *tête caractérisée NÈGRE*

pas même les sacrifices humains. Or, appartenait-il aux Égyptiens de ces temps reculés de proclamer l'inaptitude des peuplades européennes à de meilleures destinées, de dire qu'elles étaient condamnées par Dieu à rester éternellement plongées dans les ténèbres de l'ignorance et de la superstition, partant vouées à vivre et à mourir dans l'esclavage ? Non, assurément non ; car le sophisme n'appartient pas à l'humanité. J'infère de là qu'il n'est permis aux blancs de raisonner suivant cette hypothèse à l'égard des nègres, pas plus qu'il ne l'eût été aux Egyptiens à l'égard des Européens.

La civilisation ne visite pas toutes les contrées à la fois. Il lui a fallu des siècles pour se répandre de l'Inde en Egypte, de l'Egypte en Grèce, de la Grèce en Italie, de l'Italie dans le reste de l'Europe. Laissez-lui le temps de se répandre en Afrique. Chaque race, comme chaque peuple, brillera à son tour sur la terre. Les sociétés n'ont jamais toutes progressé à la fois. Ce n'est que quand le soleil disparaît d'une contrée qu'il en éclaire une autre ; ainsi va la civilisation : l'histoire nous l'enseigne. « Il ne faut » jamais et dans aucune circonstance tout vouloir à la » fois, dit M. Jacques Arago. Dieu plus puissant que » l'homme fit le monde en six jours, et quel monde » encore ! Une semaine de plus n'aurait rien gâté, je » pense [1]. »

Et qui sait après tout si en ce moment il ne s'élabore pas dans les masses noires un travail capable un jour d'étonner la civilisation européenne, qui sans doute n'est pas à la pénultième puissance de la force humaine ? Car

---

[1] *Souvenirs d'un aveugle, Voyage autour du monde*, tome II, p. 335, Paris, 1838.

enfin les ennemis des noirs n'ont évidemment affirmé l'inaptitude intellectuelle de cette race, que pour mieux consolider l'édifice de l'esclavage. Mais comment et par qui cette inaptitude a-t-elle été constatée? A-t-on démontré qu'elle est inhérente à la nature du noir? N'est-ce pas plutôt la position géographique de l'Afrique qui jusqu'à ce jour l'a tenu éloigné du contact bienfaisant de toute civilisation? N'est-ce pas en Amérique la condition politique dans laquelle il fut si cruellement relégué qui arrêta l'essor de ses facultés? — Je ne parle pas ici des îles espagnoles, ni des États de l'Union, où il faut espérer qu'avant dix ans les noirs redeviendront libres aussi. — Comment alors peut-on loyalement venir reprocher aux nègres leur infériorité morale et intellectuelle? Qu'a-t-on jamais fait pour ouvrir leurs yeux à la lumière? Je dirai de ma race ce que M. Arago dit des habitants des îles Mariannes, dans l'ouvrage déjà cité : « *On ne lui a pas encore dit où est la vérité et ce qu'est la vérité. Dès qu'on lui aura appris la route à suivre, soyez sûr qu'il ne la déviera pas, et si les mœurs primitives triomphent quelquefois des nouvelles institutions, c'est qu'il y a dans celles-ci tant de misère et de folie, que le bon sens, qui est une propriété de tout ce qui respire, en fait prompte et bonne justice.* »

Or, ceux qui reprochent aux noirs la barbarie qui enveloppe leurs contrées, oublient-ils que ce sont eux-mêmes qui y ont systématiquement entretenu le mal si nécessaire au succès du commerce de la traite, et que l'affreux régime colonial ne nous a jamais donné que travail et indigence, terreurs et supplices? Oublient-ils que leur politique commandait que nous fussions éternellement plongés dans les ténèbres de l'ignorance?

On a dit encore que « l'angle facial du noir, excessivement aigu, ne laisse que peu de développement au cerveau, siége de l'intelligence [1]. » — Jadis on invoquait contre nous l'autorité mystique de la Bible; on prétendait que nous descendions de Cham, que Dieu lui-même avait voulu notre asservissement. Mais ceux qui croient au péché originel ont-ils le droit de se dispenser de croire à la rédemption? Battus sur le terrain de la Genèse, où tout n'est que doute et confusion, les colons en sont venus à invoquer la science contre la race noire. Qu'on nous le dise : sur quelles investigations ont-ils fondé leur critérium? Quels crânes de nègres ont-ils palpés, mesurés, pesés?.. Sans doute ceux des malheureux qu'ils avaient abrutis, dont ils avaient comprimé l'IDÉE, loin de la réveiller, et qui par cela même durent avoir le crâne déprimé. Mais soyons justes : il ne peut pas plus appartenir aux colons d'invoquer la SCIENCE contre nous, qu'il ne peut appartenir aux seigneurs russes de l'invoquer contre leurs serfs. Il ne leur appartient pas plus d'expérimenter sur les crânes de quelques infortunés abrutis par la misère et de conclure de là que le crâne de tous les nègres est déprimé, qu'il ne m'appartient à moi, homme noir, d'expérimenter sur le crâne de quelques esclaves kalmoucks et de conclure aussi que le crâne de tous les blancs est déprimé. Mais qu'importe en somme la règle de l'angle facial, si souvent invoquée pour légitimer l'oppression des races par les races? L'intelligence n'est-elle pas impondérable? Comment alors lui mesurer un espace où elle doive s'abriter?

Je sais que la physiologie renferme deux grandes écoles,

---

[1] *Réflexions sur l'affranchissement des esclaves*, par de Lacharrière, Paris, 1828.

dont les sommités brillent de part et d'autre d'une immense splendeur, Camper, Sommerring, Cuvier, Virey, Laurence font dans leur onthologie sortir le nègre d'un monstrueux accouplement; ils lui refusent l'invention et le perfectionnement qu'ils n'accordent volontiers qu'aux blancs [1]. Mais Blumembach, Tiédemann, Lavater, Broussais, Prichard et d'autres savants viennent démentir leurs adversaires, en proclamant la mutualité des forces expansives de l'humanité [2]. Que conclure de tout cela? C'est que la science qui voudrait condamner l'intelligence du nègre, en la frappant de stérilité, n'est fondée sur aucune expérience positive; tout y est à l'état d'hypothèse plus ou moins hardie, plus ou moins ingénieuse.

Remontons à un ordre d'idées plus élevées, voyons si la MORALE et la LOGIQUE permettent de croire à l'infériorité intellectuelle de la race noire?

L'UNITÉ du type de l'espèce humaine est un fait proclamé par la révélation. Cette unité est de plus avouée par les plus grands génies, Buffon, Blumembach, Herder. Arrêtons-nous à ces trois citations. Les hommes qui ont étudié la nature et l'histoire s'accordent donc à croire que le genre humain sortit du même berceau et qu'à mesure qu'il se répandit sous les zones plus ou moins chaudes, son épiderme dut tendre à se rembrunir. Ce phénomène deviendra sensible pour tout observateur qui se sera donné la peine de parcourir

---

[1] J'engagerai mes compatriotes à lire surtout : *Dissertation sur les différences que présentent les traits du visage chez les hommes des différents pays, des différents âges*, par Camper, Utrecht, 1791. *Histoire naturelle du genre humain*, par Virey, Paris, 1824.

[2] J'engagerai encore à lire : *De generis humani varietate nativa*, par Blumembach, Gœttingue, 1795. *Histoire naturelle de l'homme*, par Prichard, traduction de Roulin, Paris, 1843.

la carte de notre planète. Il y verra en effet, en partant du pôle nord et se dirigeant au pôle sud, les populations se colorer et arriver progressivement au noir jais. Mais si sous la même latitude et à l'antipode correspondant, il ne voit pas le même phénomène se reproduire, — qu'il ne s'en étonne point. S'il regarde plus attentivement, il reconnaîtra par exemple que la population du Mexique n'est pas aussi noire que celle du Dongolah : d'abord l'Amérique fut peuplée plus tard que l'Afrique, et de plus le royaume de Dongolah est situé non loin de grands déserts qui augmentent l'intensité de la chaleur, tandis que le Mexique se trouve situé au centre d'immenses forêts coupées en tous sens de rivières et de lacs. Il est vrai qu'on peut me dire, avec Virey, que si la coloration de l'épiderme dépendait de la température des différentes zones, un nègre né en Europe devrait avoir la coloration des habitants de cette partie du monde. A cela, je répondrai d'abord que la nature procède lentement, que les siècles sont pour elle moins que des secondes, que si loin que puisse s'étendre notre imagination, nous n'avons rien embrassé de la marche de l'éternité. Puis je laisserai parler M. Prichard : « les variétés de couleur, dit-il,
» dépendent en partie du climat, de l'élévation du pays
» au-dessus du niveau de la mer, de la distance plus ou
» moins grande où il se trouve de la côte. Ces mêmes
» conditions, on ne peut guère en douter, exercent aussi
» une action sur la conformation du corps humain ; mais
» on a remarqué que les formes du corps chez les diffé-
» rentes races paraissent se modifier plutôt sous l'influence
» du genre de vie et des habitudes que sous celle des
» climats ; et cette remarque a quelque chose de vrai.

» quoique jusqu'à présent, on ne l'ait encore appuyée que
» sur des conjectures : prouver par de bonnes observations,
» dans le cas de l'espèce humaine, la réalité de ces rap-
» ports entre les formes et les habitudes, serait réellement
» une très-belle découverte. Si j'osais indiquer ici quelques-
» uns de ces rapports, ce serait en remarquant, d'une
» manière générale et sans prétendre que la loi ne soit
» sujette à beaucoup d'exceptions, qu'il y a dans l'espèce
» humaine relativement à la forme de la tête et à quelques
» autres caractères physiques, trois variétés principales,
» lesquelles prédominent, l'une, chez les peuples sauvages
» et chasseurs, l'autre chez les races pastorales et noma-
» des, l'autre, enfin chez les nations civilisées [1]. »

Mais Virey ne se contente pas de nier l'influence du climat sur la couleur et les formes de l'espèce humaine ; entrant dans un autre ordre d'idées, tout en faisant des vœux pour l'amélioration de ma race : « On va, dit-il, jusqu'à
» douter que le nègre ait l'âme assez ferme, assez élevée
» pour être jamais capable d'une vraie liberté ; car celle-ci
» exige, pour être conservée, cette force de caractère qui
» sait immoler ses passions à l'intérêt public et à sa patrie.
» Le nègre, dit-on, est trop apathique pour garantir son
» indépendance et cependant trop furieux dans ses
» transports pour se modérer dans l'exercice du pouvoir.
» Il n'est jamais en un juste milieu ; comme les âmes
» serviles,

« S'il ne craint, il opprime, et s'il n'opprime, il craint. [2] »

Virey ignorerait-il que ce caractère psychologique qu'il

[1] *Histoire naturelle de l'homme*, Paris, 1843, t. 2, p. 96.
[2] *Dictionnaire des sciences médicales*, article NÈGRE, volume 35, Paris, 1819.

a signalé appartient à toutes les races, à un degré plus ou moins développé, suivant le degré de la cruauté des individus et de l'ignorance des masses? — Qui répondra à l'espèce de dilemme que vient de poser Virey? L'éducation, car c'est elle qui donne à l'homme la conscience de sa dignité, le porte à éviter le mal, à le réparer et à ne faire en un mot découler ses actions que de l'empire de la justice.

Maintenant entrons dans le domaine de la LOGIQUE : l'anatomie nous présente l'homme noir exactement constitué comme l'homme blanc; chez l'un comme chez l'autre, mêmes organes, pour les organes mêmes fonctions. Or, si l'organisme du nègre est semblable à celui du blanc, les aptitudes, comme les appétits doivent être les mêmes. Comment un homme constitué comme moi ne pourrait-il pas aussi bien développer son autonomie? Barême mentirait-il?

Il est vrai que l'anatomie trouve entre le derme et l'épiderme du noir une matière colorante qu'elle appelle *pigmentum*; mais si la couleur de l'homme est un phénomène du climat, pourquoi le *pigmentum* n'en proviendrait-il pas aussi?

Cependant la dissemblance des aptitudes existerait-elle, qu'elle n'eût rien prouvé. De même que chaque homme a son caractère, sans cesser d'être homme, chaque race a sa civilisation, sans cesser d'appartenir à la grande famille humaine. Combien d'hommes valent mieux les uns que les autres? Qu'on nous dise en quoi la civilisation moderne vaut mieux que celle du vieil Indoustan ou de la vieille Égypte? — Aux yeux de l'histoire toutes les races se mêlent, se confondent, comme à nos yeux tous les hommes se mêlent, se confondent dans le bruit, chacun avec son cri, son aspiration.

Je croirai de plus que la différence de la couleur, loin d'être une occasion de haine entre les hommes, devrait être la cause d'une louable et fraternelle émulation. Quand les gouvernements modernes auront bien réfléchi sur cette question qui n'est encore qu'un sujet d'embarras dans leur marche, ils trouveront sans doute les moyens de faire converger les diverses races vers la gloire et le bonheur communs ; le premier pas à faire, ce me semble, serait de ne donner de prérogatives qu'à l'intelligence et à la vertu.

Enfin ni la science, ni la morale, ni la logique ne peuvent laisser de doute sur les aptitudes diverses du nègre. Nous pouvons dire avec M. de Brotonne : « La variété des
» races n'exclut en rien l'unité de l'espèce ; cette unité
» existe dans les véritables attributs qui la distinguent des
» autres générations animales. Nier l'humanité pour les
» nègres serait la nier également pour les blancs, car les
» uns et les autres sont séparés des animaux pour les mêmes
» attributs ; leur activité seule y met des différences. De
» même que la différence d'organisation établit une échelle
» entre les animaux, la variété entre les races établit une
» ligne de démarcation entre les peuples. L'histoire les
» classe d'après le plus ou moins de perfection de leur
» civilisation [1]. »

Ici les événements viennent donner une consécration solennelle à la puissante parole de M. de Brotonne : on vit à la fin du siècle dernier, dans une île de l'archipel américain, des nègres et des mulâtres courbés sous le poids de la

[1] *Histoire de la filiation et des migrations des peuples*, Paris, 1837, tome 1, page 153.

plus odieuse servitude, se relever soudainement, briser audacieusement leurs fers, en forger des instruments de vengeance, conquérir leur liberté, la maintenir et la faire respecter.

Ce peuple est le peuple haïtien. Parmi les fondateurs de son émancipation se détache majestueusement du fond du tableau un homme qui eût honoré n'importe quelle nation : il était petit et fluet, actif et infatigable ; s'il avait la bouche vilaine, il avait des yeux magnifiques qui lançaient comme des éclairs de génie, une pose qui commandait le respect universel ; il avait la voix un peu nasillarde, mais la diction correcte. Rarement sa phrase manquait d'impliquer un sens profond et judicieux. Se couvrant du manteau de la superstition qu'il assimilait à la religion, pour mieux flatter et diriger les passions grossières des siens ; allant d'un pas indifférent du confessionnal de la pénitence à l'estrade des cours prévôtales, — qu'il présidait souvent ; venant de recevoir du prêtre l'absolution de peccadilles qu'il voulait bien avouer et courant sans frémir livrer à la mort même l'innocence ; catholique fervent en apparence, — ayant toujours à la bouche le saint nom de Dieu, — mais politique cruel sous le prétexte de la raison d'état, — prétexte si facile à invoquer par les tyrans. — Avare des deniers du peuple tant pour lui que pour ses serviteurs les plus dévoués ; donnant peu de temps au sommeil, toujours à cheval ou dans son cabinet ; franchissant cinquante lieues par jour ou répondant à cinquante lettres dans le même espace de temps ; épuisant trois chevaux dans chacune de ses traites ou fatiguant trois secrétaires dans chacune de ses journées : tel était Toussaint-L'Ouverture qui, malgré les nombreuses illustrations des temps modernes, brillera dans les fastes de l'humanité comme capitaine et comme politique. Et ce qui prouve qu'il n'y pas de races meilleures ou pires les unes que les autres, c'est que Toussaint-L'Ouverture exagéra le crime comme la vertu.

C'est alors que le *Premier des Noirs*, déchu du haut rang qu'il occupait, trahi par ses propres lieutenants, enlevé à son pays, transféré brutalement sous le ciel glacé de la Franche-Comté, écrivit les *Mémoires* que nous exhumons de leur enfouissement et que nous livrons tout entiers à la lumière de la publicité.

On verra dans ces *Mémoires* qu'aucun talent n'est au-dessus de la portée du nègre : la guerre, la législation, l'éloquence, L'Ouverture sut tout atteindre.

L'existence de ces *Mémoires* fut d'abord mentionnée par le vénérable abbé Grégoire, évêque de Blois, dans son ouvrage si curieux et si intéressant intitulé : *de la Littérature des nègres* [1]. En 1845 le journal la *Presse* en publia quelques fragments ; alors quelques personnes parurent douter de leur authenticité. Mais tout récemment, par la bienveillante entremise de M. Fleutelot, membre de l'université de France, je pus avoir du général Desfourneaux communication d'une copie de ces *Mémoires* qu'il avait en sa possession. Plus tard, de recherches en recherches, j'arrivai à en découvrir aux *Archives générales* de France le manuscrit original. Je parcourus avidement et avec une attention religieuse ces longues pages toutes écrites de la main du *Premier des Noirs*. L'émotion que leur examen me causa se comprendra mieux qu'elle ne peut se décrire : le souvenir d'une si haute renommée courbée sous le poids

---

[1] *De la Littérature des negres*, par H. Grégoire, 1 vol., Paris, 1818.

de tant d'infortune jette l'âme dans un abîme de réflexions.

Toutefois, l'histoire dira que deux choses perdirent L'Ouverture : ses fausses préventions contre les anciens libres, nègres et mulâtres, qu'il enveloppa toujours dans la même proscription, — tandis que ces anciens libres pouvaient être si utiles aux succès de sa cause, — et sa ligue avec les colons pour rétablir l'esclavage, sous la forme de la glèbe. En effet, aussitôt qu'il eut éloigné de ses conseils les hommes de couleur, force lui fut d'y appeler les anciens maîtres. C'est là la source de cette guerre sacrilége, implacable, qui éclata entre lui et Rigaud, guerre qui moissonna tout ce que le pays avait de vertus, de talents, d'héroïsme et qui sembla n'épargner que les méchants. L'Ouverture sentit bien un jour que le nègre et le mulâtre doivent faire cause commune, au lieu de s'entre-déchirer, c'est quand, abandonné des flatteurs qui le perdirent, séquestré de l'univers, il ne trouva à ses côtés que Martial Besse, mulâtre, général de brigade, détenu comme lui au château de Joux, qui voulut bien recopier ses manuscrits et leur donner l'orthographe qui leur manquait. Ainsi dans les petites choses le doigt de la Providence se montre [1].

---

[1] Besse (Martial) naquit au Terrier-Rouge, dépendance du Fort-Dauphin (aujourd'hui Fort-Liberté), le 15 septembre 1759. Son père, colon blanc, l'envoya en France pour y faire ses études. Mais Besse aima mieux s'enrôler dans le *Royal-Auvergne* où il servit du 3 août 1779 au 7 mai 1783. Congédié, il revint à Saint-Domingue et parvint pendant la révolution au grade de chef de brigade. Reparti pour France, il défendit la convention nationale aux journées de vendémiaire, sous les ordres du général Bonaparte et fut nommé général de brigade. Plus tard, lors de l'expédition de Saint-Domingue, il fut chargé par le général Leclerc de pacifier l'île de la Tortue. Mais comme bientôt l'on redouta qu'il n'allât grossir l'insurrection inaugurée par l'adjudant-général Pétion (Alexandre),

Aujourd'hui j'aurais pu à mon tour poursuivre le travail de Martial Besse ; et, refouillant dans mes souvenirs scolaires, en tirer quelques tournures de rhétorique pour diaprer les *Mémoires* que je publie. N'est-ce pas ainsi que l'on procède à l'égard de cette foule de *mémoires* contemporains dont la librairie nous inonde chaque jour? Mais j'ai pensé que dans une œuvre destinée à faire prendre, pour ainsi dire, en flagrant délit le mérite littéraire d'un nègre, — bien que ce nègre n'eût point fait d'humanités, — il valait mieux maintenir l'intégrité du texte, même au détriment de mon amour-propre patriotique. Cependant tels qu'ils sont, malgré l'imperfection du style, les *Mémoires* de L'Ouverture sont empreints d'une candeur qui honore son âme, d'une ampleur d'idée et d'une élévation de forme que ne désavoueraient pas bien des écrivains de profession. Ainsi quand le *Premier des Noirs*, racontant la conduite inique du général Leclerc à son égard, s'écrie : « Sans doute je dois ce traitement à ma couleur ; mais ma » couleur... ma couleur m'a-t-elle empêché de servir ma » patrie avec zèle et fidélité? La couleur de mon corps » nuit-elle à mon honneur et à ma bravoure? » Ne croirait-on pas entendre Othello, dans la tragédie de Ducis, quand il s'écrie aussi :

il fut embarqué pour France. Relégué au château de Joux, il y rencontra L'Ouverture. Rigaud vint les y joindre. Enfin sorti de ce château, ainsi que Rigaud, après la mort de L'Ouverture, il fut envoyé à Melun, d'où il réussit à s'évader et à se rendre en Haïti, à la fin du règne de Dessalines. Christophe le fit comte et maréchal de son royaume. Il mourut vers 1816. L'histoire doit lui reprocher d'avoir été de ceux des mulâtres qui, le 2 septembre 1790, jurèrent au Terrier-Rouge *respect aux blancs*.

» Quoi ! ce nom d'Africain n'est-il donc qu'un outrage ?
» La couleur de mon front nuit-elle à mon courage[1] ? »

Si nous rencontrons dans les *Mémoires* de L'Ouverture de pareils mouvements de style, des réflexions aussi profondes, combien ne devons-nous pas regretter que L'Ouverture n'ait pas eu comme les grands capitaines de l'antiquité, comme Xénophon, Thucydide, César, le loisir de nous transmettre plus de révélations qu'il ne l'a fait ; combien ne devons-nous pas regretter surtout que cet homme extraordinaire se soit trouvé, par toutes sortes de circonstances, dans l'impossibilité de revoir ce qu'il venait d'écrire ; car on peut bien juger de la trempe de son esprit, quand on saura que dans son manuscrit propre, tout est de premier jet ; pas une rature, pas une surcharge. C'est l'homme qui écrit sans prétention, dans la sincérité de son droit, se préoccupant peu de faire de l'esprit, de déployer les ressources de l'art, écrivant seulement pour se justifier, ne cherchant nullement à se poser aux regards de la publicité et à briguer un genre de renommée, dont il pouvait après tout se passer sans cesser d'être grand.

Il est à regretter, cependant, que, dans d'autres documents, L'Ouverture ait démenti parfois la fierté de son langage par des défaillances de courage, par des expressions précatives à l'adresse de ses persécuteurs. Mais pas plus qu'il n'y a de soleil sans nuages, il n'y a d'héroïsme sans tache. D'ailleurs le lecteur ne doit pas oublier que déjà âgé, confiné dans le fond d'un humide cachot, ne couchant que sur une paille infecte, souffrant des rigueurs d'un hiver excessif, — chose jusque-là inconnue pour lui,

[1] Othello, acte 1, scène V.

privé des moindres commodités de la vie, obligé alors de faire lui-même sa triste cuisine, séquestré de sa femme et de ses enfants, qu'il adorait, ne voyant jamais dans ses regards se réfléter un regard ami, le lecteur ne doit pas oublier, dis-je, que L'Ouverture ait pu, sans croire se déshonorer, s'abandonner à quelques pleurs, à quelques gémissements, à quelques supplications. Au reste, d'autres captifs non moins illustres que lui, mais à qui l'éducation avait donné un certain charlatanisme en face de l'adversité, ne se sont-ils pas néanmoins surpris quelquefois à verser des larmes au souvenir de leur grandeur déchue?

Les *Mémoires* ne commencent pas malheureusement à la naissance de leur auteur. Quel peintre plus habile que L'Ouverture eût pu nous transmettre le tableau de la vie du nègre esclave avant la révolution; cette vie si laborieuse, si dure, dans le cours de laquelle beaucoup tombaient affaissés sous le poids du chagrin, du désespoir, occasionnés par la barbarie des maîtres, — pendant que d'autres, moins infortunés, arrivaient à une aisance, à un bonheur domestique bien supérieur à celui d'un grand nombre de libres? Si L'Ouverture était de ces derniers, il dut avoir cependant plus d'une fois à gémir et à pleurer sur le sort de ses semblables dont il était le sage conseiller, souvent le confident attristé. — L'histoire de l'esclavage des nègres, racontée par un esclave nègre de l'intelligence de L'Ouverture, eût été le livre le plus curieux et le plus instructif que l'ami de l'humanité pût ouvrir et consulter. Cette histoire, à mon avis, eût mieux valu que les déclamations du négrophilisme, à qui on peut reprocher, soit dit en passant, au moins autant de mal qu'il a fait de bien.

L'Ouverture avait de plus une grande tâche à remplir : c'était de nous peindre la prise d'armes des esclaves dans le nord de Saint-Domingue, au mois d'août 1791, de nous conduire à travers les massacres, les pillages, les incendies auxquels il assista, jusqu'au moment où, rejetant les vains hochets de noblesse que la fierté castillane s'était abaissée à lui décerner, comme aux autres insurgés, il entra dans le giron de la glorieuse république française, — aujourd'hui si calomniée, et qui, cependant, sauva l'humanité des fureurs du despotisme, en rendant à la nature humaine sa dignité.

Mais parmi toutes les exigences que notre curiosité avide de renseignements eût eu le droit d'exiger de L'Ouverture, la principale surtout, c'eût été l'explication de l'horrible guerre civile qu'il fit à André Rigaud, sans motif honnête, sans nécessité métropolitaine ou indigène, uniquement pour le bon plaisir des colons ou des Anglais. Aussi, L'Ouverture semble avoir ici honte de lui-même : tout est silence, comme à l'époque où il combattait sous les bannières espagnoles le principe de la liberté générale que la France républicaine avait proclamé. Ce silence sur les deux graves périodes de l'histoire de la race noire à Saint-Domingue ne provient-il pas d'un retour sur la conscience qui, après tout, survit aux événements pour les glorifier ou les flétrir ? Ce silence ne serait-il pas la condamnation la plus complète et la plus solennelle des deux plus néfastes situations du drame colonial ?

Malgré les défauts et les lacunes que nous venons de signaler, les *Mémoires* de L'Ouverture serviront à réfuter victorieusement les fausses et malignes assertions que Boisrond-Tonnerre hasarde contre lui dans son travail sur

Haïti [1]. Ils serviront surtout à constater que l'intelligence du nègre peut s'élever à la hauteur de toutes les connaissances. En effet, le terrain est bon ; il ne lui a manqué jusqu'à présent qu'une savante culture. A-t-on encore vu, soit dans les colonies dépendantes des métropoles, soit dans celles qui s'en sont affranchies, les gouvernements établir sur quelques larges bases aucun système d'enseignement universitaire? Le soin d'élever les générations, ce soin capital d'où dépendent l'avenir et la prospérité des peuples, est à peu près abandonné à l'incurie, quand ce n'est pas à l'ignorance. Et pourtant partout se montre une génération de nègres avide des bienfaits de l'instruction. Elle étonne surtout en Haïti par la précocité de ses dispositions, par la justesse de son raisonnement.

Pourquoi le temps n'a-t-il pas respecté les jours de Granville et de Lemoine, ces deux esprits supérieurs dignes de l'antiquité par la splendeur du génie? Quels fructueux enseignements la jeunesse de nos jours n'eût-elle pas retirés des leçons de ces deux maîtres?

Toi, surtout, ô Lemoine, ô mon savant maître, quelle salutaire influence n'eusses-tu pas eue sur des esprits aussi bien disposés! Ton goût si attique, ta parole si brillante, ton style si suave, sont encore présents à nos souvenirs. Si Dumesle [2] a chanté dans ses vers les talents et la gloire

---

[1] *Mémoires* pour servir à l'histoire d'Haïti, par Boisrond-Tonnerre, précédés d'une *Etude historique et critique*, par Saint-Remy, chez France, libraire, Paris, quai Malaquais, n° 15. 1851.

[2] M. Dumesle (Hérard) naquit dans la commune de Torbeck, le 16 juin 1784. Fils de mulâtre et de nègre, c'est-à-dire *griffe*, il s'est fait un nom au barreau, à la tribune et dans les lettres. Doué d'une mémoire prodigieuse, sa tête est toute une encyclopédie. Tombé comme premier

de Granville [1], ici, dans ma prose, ô Lemoine, je consacre une page à ta mémoire; puisse cette page la porter à la postérité [2] !

Ce n'est pas seulement le personnel de l'enseignement laïque qu'il s'agirait de fonder dans les îles. Il faudrait aussi réformer le personnel de l'enseignement religieux. Nulle part dans la chrétienté le clergé ne profane autant que là le sacerdoce dont il est revêtu. Avide d'argent, corrupteur de l'innocence, artiste en troubles civils, tel est généralement le clergé de certaines îles. Quelques nobles exceptions ne font ressortir qu'avec plus d'éclat le spectacle scandaleux dont ces contrées sont affligées.

Cependant, quoiqu'elle soit, pour ainsi dire, privée de guides dans ses études, la génération actuelle aura cet immense avantage sur celle qui l'a précédée, qu'elle aura assisté à nos crises civiles et qu'elle aura vu combien les excès politiques sont déshonorants. Etrangère aux luttes qui ensanglantèrent la patrie, elle sera plus sage dans sa

---

ministre de la révolution de 1843, — aujourd'hui si injustement décriée, — il est maintenant exilé. On a de M. Dumesle un ouvrage très-intéressant intitulé : *Voyage dans le nord d'Haïti*, imprimé aux Cayes. Il serait à désirer qu'avec son grand talent, il nous donnât une histoire de la révolution de 1843; il doit ce travail à son pays et à lui-même.

[1] Granville (Jonathas), mulâtre, naquit au Port-de-Paix vers 1783. Il se distingua dans les armées de la métropole; aussi fut-il décoré par Napoléon. Il ne revint en Haïti qu'à la restauration des Bourbons. Il fut employé par le président Pétion à l'arme du génie en son grade de lieutenant, puis dans la magistrature, et enfin appelé à la direction du principal collége de la République par le président Boyer. Il mourut au Cap-Haïtien en 1841.

[2] Lemoine (Prosper), blanc, naquit à Paris vers 1796, élevé au lycée de Versailles, dont le nom est célèbre, il vint se livrer à l'enseignement en Haïti. Il mourut aux Cayes en mai 1839.

marche ; et, se rendant bien compte des notions du juste et de l'injuste, elle dominera tous les vains et sombres préjugés qui causèrent nos maux. Plus instruite et surtout plus consciencieuse, elle saura que l'histoire, comme une Euménide, s'attaque même par delà la tombe à ceux qui font injustement couler les larmes de leurs semblables. Enfin, éteignant le flambeau de la discorde que des mains aussi imprudentes que coupables ont allumé entre les diverses races, à toutes les époques, elle secondera le gouvernement actuel dans son œuvre de conciliation et de progrès. Tel doit être notre vœu. Et puisque déjà ce vœu commence à se réaliser sous ce gouvernement qui permet de s'exprimer en toute liberté de conscience, — chose de laquelle ne peut découler que le plus grand bien, — il ne nous reste qu'à exciter de toutes nos forces l'ardeur de l'étude parmi nos jeunes concitoyens. L'Ouverture ne leur donne-t-il pas l'exemple de ce que peut la volonté de s'instruire ? Sorti du sein de l'esclavage, il parvint au plus haut rang qu'un citoyen puisse occuper dans son pays ; étranger à tout autre enseignement qu'à celui que donne la méditation, il vient aujourd'hui se révéler à nous comme écrivain. Quels vastes sujets d'émulation !

Naguère donnant aussi aux jeunes hommes de ma race l'exemple de la volonté de bien faire, j'ai essayé d'esquisser la mémorable carrière que parcourut et décrivit L'Ouverture [1]. Ai-je réussi dans ma tâche ? Je l'ignore. Mais toujours est-il que le seul désir d'être utile à mon pays m'animera toujours. Plus on est loin du ciel de la patrie, plus on s'attache à ses revers, comme à sa gloire. Je conti-

---

[1] *Vie de Toussaint-L'Ouverture*, Paris, 1850, chez Moquet, rue de La Harpe, 90.

nuerai donc à déchirer le linceul de l'oubli où sont renfermées nos figures historiques les plus célèbres. Je continuerai cette pieuse mission pendant l'exil pénible et rigoureux, autant que peu mérité, que je subis, et dont le souvenir a dû sortir de la mémoire de l'empereur Faustin Ier, car ceux qui l'ont approché disent qu'il a le cœur noble et grand. Mais comme mes compatriotes de race ont partout accueilli mes premiers essais avec une bienveillance qui m'honore, j'agirai de manière à mériter davantage cette bienveillance dans la *Vie* d'Alexandre Pétion.

Aujourd'hui c'est le *Premier des Noirs* lui-même qui va nous entretenir de ses travaux. Je louerai le ciel si son œuvre plus que la mienne peut relever aux yeux du monde civilisé la race à laquelle nous appartenons tous deux, plus heureux et plus fier du mérite de L'Ouverture que du mien propre : les enfants ne se glorifient-ils pas dans leurs pères ?

MÉMOIRES

DU GÉNÉRAL

TOUSSAINT-L'OUVERTURE [1]

ÉCRITS PAR LUI-MÊME,

POUVANT SERVIR A L'HISTOIRE DE SA VIE [2].

Il est de mon devoir de rendre au gouvernement français un compte exact de ma conduite ; je raconterai les faits avec toute la naïveté et la franchise d'un ancien militaire, en y ajoutant les réflexions qui se présenteront naturellement. Enfin je dirai la vérité, fût-elle contre moi-même.

La colonie de Saint-Domingue, dont j'étais commandant, jouissait de la plus grande tranquillité ; la culture et le commerce y florissaient. L'île était parvenue à un degré de splendeur où on ne l'avait pas encore vue. Et tout cela, j'ose le dire, était mon ouvrage.

---

[1] Ce titre est textuel.
[2] Toussaint-L'Ouverture (François-Dominique), naquit le 20 mai 1743 sur l'habitation Breda, sucrerie située près du village du Haut-du-Cap. L'Ouverture n'est qu'un surnom qui lui fut donné plus tard à cause de la hardiesse et de la réussite de ses projets : il savait partout se faire *ouverture*.

Cependant, comme on y était sur le pied de guerre, la commission avait rendu un arrêté qui m'ordonnait de prendre toutes les mesures nécessaires pour empêcher les ennemis de la République de pénétrer dans l'île. En conséquence, je donnai l'ordre à tous les commandants des ports de mer de ne laisser entrer en rade aucuns bâtiments de guerre, qu'ils ne fussent reconnus et qu'ils n'en eussent obtenu de moi la permission. Si c'était une escadre, de quelque nation qu'elle fût, il lui était absolument défendu d'entrer dans le port, ou même dans la rade, à moins que je n'eusse reconnu par moi-même d'où elle venait et de quel port elle était sortie.

Cet ordre existait, lorsque le 10 pluviôse [1] l'escadre parut devant le Cap [2]. J'étais alors parti de cette ville pour faire une tournée dans la partie espagnole, à Santo-Domingo [3], pour surveiller la culture [4]. Chemin faisant, en

---

[1] L'an X (5 février 1802).

[2] Cette ville est le chef-lieu du département du Nord; elle était anciennement appelée le *Paris des Antilles*, à cause de la richesse de ses habitants, de la beauté de ses édifices, de son mouvement industriel et des agréments qu'on y rencontrait. C'est dans cette ville que, le 29 août 1793, la liberté générale des noirs fut proclamée par Sonthonax, commissaire de la République française. Cette proclamation fut confirmée par la Convention nationale le 16 pluviôse an III (4 février 1795).

[3] Cette ville, alors chef-lieu du département de l'Ozama, est la plus ancienne ville du Nouveau-Monde; elle est la capitale d'une colonie espagnole, qui fut cédée à la France par le traité de Bâle, en l'an III (1795), et dont L'Ouverture prit possession au nom de la République, le 6 pluviôse an IX (26 janvier 1801).

[4] Les habitants de cette contrée ne s'étaient occupés jusque-là que de l'élève des bestiaux dont ils trouvaient un grand débouché dans la partie française et dans les îles environnantes. L'Ouverture leur donna l'habitude de cultiver la terre et introduisit chez eux l'industrie et le luxe qui leur étaient presque inconnus.

sortant de la Maguâna ¹, j'avais expédié un de mes aides-de-camp au général Dessalines ², commandant en chef des départements de l'Ouest et du Sud, qui se trouvait alors à Saint-Marc, pour lui ordonner de venir me joindre aux Gonaïves ou à Saint-Michel pour m'accompagner dans ma tournée. Au moment où l'escadre parut, je me trouvais à Santo-Domingo, d'où je partis trois jours après pour aller à Hinche : passant par Banique, arrivant aux Papayes, je rencontrai mon aide-de-camp Couppé ³ et un officier envoyé par le général Christophe ⁴, qui me remit une lettre de ce général par laquelle il m'instruisait de l'arrivée de l'escadre française devant le Cap ⁵, et m'assu-

¹ Saint-Jean de la Maguâna, bourg situé entre Las-Mathas et Azua.
² Dessalines (Jean-Jacques) naquit à la Grande-Rivière du Nord, en 1749. Son maître était nègre comme lui. Ce maître qui était charpentier lui fit apprendre son métier. Il disait de lui : « C'est un bon ouvrier, mais un mauvais chien. » Voyez : *Vie de Dessalines*, par Dubroca. Dessalines devint empereur après la proclamation de l'Indépendance; son despotisme occasionna une révolution dans laquelle il périt le 17 octobre 1806.
³ Couppé (Marc), mulâtre, était chef d'escadron.
⁴ Christophe (Henri), naquit à la Grenade, île anglaise, le 6 octobre 1757. Esclave et majordome de l'hôtel de la *Couronne*, au Cap, il parvint à se racheter. Ce fut l'enfant gâté des troubles civils, car sans avoir rendu au pays aucun service signalé, — rien que par le crime, il parvint au généralat. Après la mort de Dessalines, il se fit roi dans le nord de l'île. Il se brûla la cervelle, le 8 octobre 1820, dans son château de *Sans-Souci*.
⁵ L'escadre commandée par l'amiral Villaret-Joyeuse, dont le pavillon-amiral flottait à bord de l'*Océan*, vaisseau de 100 canons, se composait, outre ce vaisseau, de seize vaisseaux français, de six vaisseaux espagnols, de dix-sept frégates, de huit corvettes, de quelques cutters, en tout cinquante-quatre voiles. Elle était ainsi divisée : l'ESCADRE D'OBSERVATION, composée du *Guerrero*, *S. Pablo*, *Neptune*, *S. Francisco d'Assises*,

rait que le général en chef commandant cette escadre ne lui avait pas fait l'honneur de lui écrire, que seulement il lui avait envoyé un officier [1] pour lui ordonner de préparer du logement pour sa troupe; que le général Christophe ayant demandé à cet officier s'il n'était pas porteur de lettres pour lui ou de dépêches pour le général en chef Toussaint-L'Ouverture, en le priant de les lui remettre, pour les lui faire parvenir de suite, cet officier lui aurait répondu qu'il n'en était point chargé, et qu'il n'était pas même question du général Toussaint [2] : « Rendez

S. *Francisco Paulo*, *Soledad*, *Vigilente*, sous le commandement de l'amiral Villa-Vicentia; l'ESCADRE LÉGÈRE, composée du *Foudroyant*, l'*Aigle*, la *Guerrière*, l'*Infatigable*, sous le commandement de l'amiral Latouche-Tréville; la PREMIÈRE ESCADRE, composée de l'*Union*, le *Patriote*, l'*Océan*, le *Duquesne*, le *J.-J. Rousseau*, vaisseaux; de l'*Uranie*, la *Cornélie*, la *Syrène*, corvettes sous le commandement de l'amiral Villaret-Joyeuse; la DEUXIÈME ESCADRE, composée du *Montblanc*, l'*Argonaute*, le *Scipion*, le *Cisalpin*, le *Duguay-Trouin*, vaisseaux ou frégates; de la *Franchise*, la *Clorinde*, l'*Embuscade*, corvettes sous le commandement du capitaine Magon; la TROISIÈME ESCADRE, composée du *Watigny*, le *Gaulois*, le *Jemmapes*, la *Révolution*, le *Héros*, vaisseaux ou frégates; la *Comète*, la *Vertu*, la *Valeureuse*, corvettes sous le commandement du contre-amiral Dordelier. Le CONVOI se composait de la *Furieuse*, la *Fraternité*, la *Fidèle*, la *Précieuse*, la *Diligente*, la *Découverte*, le *Renard*, le *Poisson-Volant*, la *Cigogne*, la *Nécessité*, la *Danaé*, etc. — Cette flotte, la plus nombreuse qui se fût encore montrée dans les mers de l'Amérique, portait 21,883 hommes, tous choisis dans les meilleures légions de la métropole; elle se rallia au Cap-Samana et parut devant le Cap-Français le 12 pluviôse an X (1er février 1801). Voyez : *Paris*, recueil imprimé à Londres par Peltier, vol. 34. Rapport du général Rochambeau au ministre, du 29 frimaire an XII (21 décembre 1803).

[1] Lebrun, enseigne de vaisseau, aide-de-camp de l'amiral Villaret-Joyeuse.

[2] Ce fut la faute capitale du général Leclerc de n'avoir pas écrit tout d'abord à L'Ouverture, en lui envoyant ses enfants qui étaient à bord de l'escadre et la lettre que lui adressait le premier consul. Cette marche

» la ville, lui aurait-il ajouté, vous serez bien récompensé;
» le gouvernement français vous envoie des présents¹. »
Qu'alors lui, le général Christophe lui aurait dit : « Puis-
» que vous n'avez pas de lettres pour le général en chef
» ni pour moi, vous pouvez vous retirer et dire à votre
» général qu'il ne connaît pas son devoir, que ce n'est
» pas ainsi qu'on se présente dans un pays appartenant
» à la France. »

Le général Leclerc, ayant reçu cette réponse, fait sommer le général Christophe de lui livrer la place, et, dans le cas de refus, il le prévient que dès le lendemain matin il débarquerait quinze mille hommes². A quoi celui-ci répondit qu'il le priait d'attendre le général Toussaint-L'Ou-

avait été cependant prescrite par ce dernier. Lebrun ne remit à Christophe que la proclamation du premier consul aux habitants de Saint-Domingue. Voici un extrait de cette proclamation, du 17 brumaire an X (8 novembre 1801), dans laquelle, par on ne sait quelle fatalité, le nom de L'Ouverture n'était pas même prononcé : « Quelles que soient votre
» origine et votre couleur, vous êtes tous Français, et tous égaux devant
» Dieu et devant les hommes... Ralliez-vous autour du capitaine-général;
» il vous apporte l'abondance et la paix; ralliez-vous autour de lui. Qui-
» conque osera se séparer du capitaine-général sera un traître à la patrie,
» et la colère de la République le dévorera comme le feu dévore vos
» cannes desséchées. »

¹ « Non, Monsieur, répondit Christophe, je ne puis entendre à aucune
» proposition sans les ordres du gouverneur-général. Les proclamations
» que vous apportez respirent le despotisme et la tyrannie. Je vais faire
» prêter à mes soldats le serment de soutenir la liberté au péril de leur
» vie. » Pamphile de Lacroix, *Révolution de Saint-Domingue*.

² *Extrait de la lettre du général Leclerc, du 13 pluviôse an X* (2 février 1802) : « J'apprends avec indignation, citoyen général, que vous
» refusez de recevoir l'escadre française et l'armée française que je com-
» mande, sous le prétexte que vous n'avez pas d'ordre du gouverneur-
» général... Je vous préviens, que si aujourd'hui vous ne m'avez pas fait
» remettre les forts Picolet et Bel-Air et toutes les batteries de la côte,

verture, qu'il l'avait déjà fait avertir, et qu'il allait encore le faire une seconde fois avec la plus grande célérité. En effet, je reçus une seconde lettre et me hâtai de me rendre au Cap, malgré les débordements de la rivière de Hinche, espérant avoir le plaisir d'embrasser mes frères d'armes d'Europe, et recevoir en même temps les ordres du gouvernement français; et, pour mettre plus de promptitude dans ma marche, je laissai toutes mes escortes. Entre Saint-Michel et Saint-Raphael, je rencontrai le général Dessalines et lui dis : « Je vous avais envoyé chercher » pour m'accompagner dans ma tournée au Port-de- » Paix et au Môle; mais cela est inutile : je viens de » recevoir deux lettres du général Christophe, m'annon-

» demain, à la pointe du jour, quinze mille hommes seront débar-
» qués... »

Extrait de la réponse du général Christophe, du même jour : « Votre
» aide-de-camp, général, m'a remis votre lettre de ce jour. J'ai eu l'hon-
» neur de vous faire savoir que je ne pouvais vous livrer les forts et la
» place confiés à mon commandement, qu'au préalable j'aie reçu les
» ordres du gouverneur-général Toussaint-L'Ouverture, mon chef immé-
» diat, de qui je tiens les pouvoirs dont je suis revêtu. Je veux bien croire
» que j'ai affaire à des Français, et que vous êtes le chef de l'armée
» appelée expéditionnaire; mais j'attends les ordres du gouverneur à
» qui j'ai expédié un de mes aides de-camp, pour lui annoncer votre
» arrivée et celle de l'armée française ; et jusqu'à ce que sa réponse me
» soit parvenue, je ne puis vous permettre de débarquer. Si vous avez
» la force dont vous me menacez, je vous prêterai toute la résistance qui
» caractérise un général; et si le sort des armes vous est favorable, vous
» n'entrerez dans la ville du Cap que lorsqu'elle sera réduite en cendres,
» et même sur ces cendres, je vous combattrai encore... » Voyez Bouvet
de Cresset, *Catastrophe de Saint-Domingue.* Paris, 1824. C'est Braque-
hais, mulâtre des Cayes, un de nos premiers révolutionnaires qui rédigea
la correspondance de Christophe avec Leclerc. Il fut noyé dans la rade
des Cayes en 1803, rien que parce que l'on redoutait qu'il se jetât dans
quelque insurrection. La liberté perdit ainsi un de ses vaillants soldats.

» çant l'arrivée de l'escadre française devant le Cap. » Je lui communiquai ces lettres. Il me dit alors qu'il avait vu de Saint-Marc six gros vaisseaux faisant voile du côté du Port-Républicain [1]; mais qu'il ignorait de quelle nation ils étaient. Je lui ordonnai alors de partir promptement pour se rendre dans ce port, vu qu'il était possible que le général Christophe ayant refusé l'entrée du Cap au général commandant l'escadre, celui-ci se serait porté au Port-Républicain dans l'espoir de m'y trouver; dans ce cas, je lui donnai à l'avance l'ordre de prier le général de m'attendre, en lui assurant que j'allais d'abord au Cap dans l'espérance de l'y rencontrer, et que dans le cas que je ne l'y trouverais pas, je reviendrais de suite au Port-Républicain pour conférer avec lui.

Je partis [2] effectivement pour le Cap, passant par les Vases, chemin le plus court. En arrivant sur les hauteurs du Grand-Boucan [3], au lieu dit la *Porte-Saint-Jacques*, j'aperçus le feu dans la ville du Cap. Je poussai mon cheval à toute bride, pour me rendre dans cette ville, y trouver le général commandant l'escadre, et m'informer de ce qui pouvait avoir donné lieu à cet incendie. Mais en

---

[1] La ville du Port-Républicain ou Port-au-Prince, capitale de l'île d'Haïti, est en même temps le chef-lieu du département de l'Ouest. C'est la division du général Boudet, dont Rigaud, Pétion, etc., faisaient partie, qui était à bord de cette flotte. Cette division était forte de trois mille hommes. Le Port-au-Prince, malgré l'héroïque courage de Lamartinière, chef de bataillon à la 3ᵉ demi-brigade, fut enlevé par la division Boudet le 17 pluviôse (5 février) dans l'après-midi; la plupart des blancs qui l'habitaient venaient d'être massacrés à quelques pas de la ville, au lieu appelé *Bois-de-Chênes-Valembrun*.

[2] Le 16 pluviôse an X (4 février 1802).

[3] C'est un canton dépendant du village de la Plaine-du-Nord.

approchant, je trouvai toutes les routes couvertes d'habitants qui avaient évacué cette malheureuse ville, et ne pus pénétrer plus loin à cause que tous les passages étaient canonnés par l'artillerie des vaisseaux qui étaient dans la rade. Je pris alors le parti de monter au fort du *Bel-Air*, mais je trouvai ce fort également évacué et toutes les pièces de canon enclouées.

Je fus en conséquence obligé de revenir sur mes pas. Après avoir dépassé l'hôpital [1], je rencontrai le général Christophe et lui demandai qui avait ordonné qu'on mît le feu à la ville. Il me répondit que c'était lui. Je le blâmai très-vigoureusement d'avoir employé ce moyen de rigueur. « Pourquoi, lui dis-je, n'avez-vous pas plutôt » fait des dispositions militaires pour défendre la ville » jusqu'à mon arrivée? » Il me répondit : « Que voulez-» vous, général? mon devoir, la nécessité, les circonstances, » les menaces réitérées du général commandant l'escadre » m'y ont forcé; j'ai fait voir à ce général les ordres dont » j'étais porteur, mais inutilement. » Il m'ajouta « que » les proclamations répandues secrètement [2] dans la ville » pour séduire le peuple et soulever la troupe ne conve-» naient pas à la franchise d'un militaire; que si vraiment » le commandant de l'escadre avait des intentions pacifi-» ques, il m'eût attendu; qu'il n'eût point employé les » moyens dont il s'est servi pour gagner le commandant » du fort de la Bouque, qui est un ivrogne [3]; qu'il ne se

[1] *L'hôpital des Pères*, situé au Haut-du-Cap, fondé par les jésuites, aujourd'hui en ruines.

[2] « Suivant les ordres qu'il avait reçus, M. Lebrun avait laissé tomber » comme par mégarde un paquet de proclamations. » Pamphile de Lacroix, *Révolution de Saint-Domingue*.

[3] Le chef de brigade Barthélemy, homme noir.

» fût point en conséquence emparé de ce fort; qu'il n'eût
» point fait passer au fil de l'épée la moitié de la garnison
» du Fort-Liberté; qu'il n'eût point fait faire des descentes
» à l'Acul, et qu'en un mot il n'eût point commis d'a-
» bord toutes les hostilités dont il s'est rendu coupable. »

Le général Christophe se joignit à moi, et nous continuâmes la route ensemble. En arrivant au Haut-du-Cap, nous traversâmes les habitations de Breda [1] jusqu'à la barrière de Boulard, passant par les jardins. Là, je lui donnai ordre de rallier sa troupe et d'aller camper au Bonnet [2] jusqu'à nouvel ordre, et de me donner connaissance de tous les mouvements qu'il ferait. Je lui dis « que j'allais chez
» d'Héricourt [3]; que là, je recevrais peut-être des nouvelles
» du commandant de l'escadre, qu'il m'y ferait passer sans
» doute les ordres du gouvernement, que je pourrais même
» l'y rencontrer, que je m'informerais alors des raisons
» qui ont pu l'engager à venir de cette manière, et que
» dans le cas qu'il fût porteur d'ordres du gouvernement,

---

[1] Célèbre pour avoir donné naissance à L'Ouverture. C'est sur ces mêmes plantations que l'adjudant-général Pétion commença avec la 10ᵉ et la 13ᵉ demi-brigades la guerre dont le résultat fut la proclamation de l'indépendance d'Haïti, entraînant à son imitation, d'abord Clerveaux, puis Christophe et Paul-L'Ouverture, enfin Dessalines.

[2] Le Bonnet-à-l'Evêque est un morne dépendant alors du quartier de la Petite-Anse où L'Ouverture avait un dépôt considérable de munitions de guerre. Christophe fit par la suite élever, au sommet de ce morne, le fort Laférière, construction gigantesque à laquelle présidèrent le bâton et le sabre. Une infinité de malheureux corvéables y perdirent la vie. Au pied de la forteresse, le farouche roi du Nord fonda la ville de Millot ou *Sans-Souci*, groupe de cahutes en bois dont le triste aspect contraste avec la lourde architecture du palais où le tyran faisait sa résidence.

[3] Habitation-sucrerie aux environs du Haut-du-Cap; elle appartenait au comte de Noë; L'Ouverture en était le fermier.

» je le prierais de me les communiquer, et prendrais en
» conséquence des arrangements avec lui. »

Le général Christophe me quitta alors pour se rendre au poste que je lui avais indiqué ; mais il rencontra un gros de troupes qui fit feu sur lui, le força de se jeter à bas de son cheval, de se précipiter dans la rivière et de la traverser à la nage [1]. Moi-même, après m'être séparé du général Christophe, ayant à mes côtés l'adjudant-général Fontaine [2], deux autres officiers et mon aide-de-camp Couppé qui marchait en avant de moi, celui-ci me prévint qu'il découvrait de la troupe sur le chemin. Je lui ordonnai de se porter en avant. On me dit que cette troupe était commandée par un général. Je demandai alors à avoir une conférence avec lui. Mais Couppé n'eut pas le temps d'exécuter mes ordres ; on fit feu sur nous à vingt-cinq pas de la barrière. Mon cheval fut percé d'une balle ; une autre balle emporta le chapeau d'un de mes officiers. Cette circonstance inopinée me força d'abandonner la grande route, de traverser la savane et les forêts pour me rendre chez d'Héricourt, où je restai trois jours, pour attendre des nouvelles du commandant de l'escadre ; mais ce fut toujours inutilement. Seulement, le lendemain, je reçus une lettre du général Rochambeau, qui m'annonçait « que la colonne

---

[1] Ce n'est pas l'unique fois que Christophe se trouva dans cette position désespérée ; on le vit lors des campagnes du général Lamarre, dans le Nord, mettre à bas son uniforme de général, et se sauver sous la vareuse d'un cultivateur.

[2] Fontaine (Jean-Pierre), ancien aide-de-camp du général Beauvais. C'était parmi les hommes noirs un des plus instruits ; à l'éducation il joignait, chose rare à son époque, une profonde sympathie pour les mulâtres, qu'il considérait avec raison comme les premiers fondateurs de la liberté de la race noire.

» qu'il commandait s'était emparée du Fort-Liberté, qu'il
» avait pris une partie de la garnison qui avait fait résis-
» tance et qu'il l'avait passée au fil de l'épée ; qu'il n'au-
» rait jamais cru que cette garnison eût trempé ses baïon-
» nettes dans le sang des Français, et qu'au contraire il eût
» cru la trouver bien disposée en sa faveur [1]. » Je répondis à cette lettre. Et, manifestant mon mécontentement à ce
général, je lui demandai « pourquoi avait-il ordonné le
» massacre de ces braves soldats qui n'avaient fait que
» suivre les ordres qu'on leur avait donnés, qui d'ailleurs
» avaient si bien concouru au bonheur de la colonie et au
» triomphe de la République. Etait-ce là la récompense que
» le gouvernement français leur avait promise ? » Je finis-
sais en disant au général Rochambeau « que je combattrais
» jusqu'à la mort pour venger la mort de ces braves sol-
» dats, — comme ma liberté, — et pour rétablir le calme
» et l'ordre dans la colonie. » C'était effectivement le parti
que je venais de prendre, après avoir mûrement réfléchi
sur les différents rapports que m'avait faits le général Christophe, sur le danger que je venais decourir, sur la lettre du
général Rochambeau, et enfin sur la conduite du commandant de l'escadre.

Mes résolutions prises, je me transportai aux Gonaïves [2];

[1] Le général Rochambeau s'empara du Fort-Liberté le 15 pluviôse (4 février). Cette ville s'appelait sous la monarchie Fort-Dauphin. Le nom de *Liberté* lui fut donné le 26 prairial an IV (14 juin 1796) par le général Laveaux, alors qu'il en prit possession sur les Espagnols à qui la trahison l'avait livrée. Cette ville est tristement célèbre par le massacre de sept cent trente-quatre Français, consommé le 19 messidor an II (7 juillet 1794) par les bandes de Jean-François, sous la domination espagnole. C'est aussi là que Christophe se fit acclamer roi, le 26 mars 1811.

[2] Le 20 pluviôse (8 février).

là, je donnai connaissance au général Maurepas de mes intentions ; je lui ordonnai la plus vive résistance contre tous ceux qui se présenteraient devant le Port-de-Paix, où il commandait, et dans le cas où il ne serait pas assez fort, n'ayant qu'une demi-brigade [1], d'imiter l'exemple du général Christophe, de se retirer ensuite dans la *Montagne*, emmenant avec lui les munitions de tous les genres ; là, de se défendre jusqu'à la mort.

Je me transportai à Saint-Marc [2] pour en visiter les fortifications. Je trouvai que cette ville était instruite des événements fâcheux qui venaient d'avoir lieu, et que les habitants l'avaient déjà évacuée. Je donnai ordre d'y faire toute la résistance que les fortifications et les munitions pourraient permettre.

Au moment où j'allais partir de cette ville pour me rendre au Port-au-Prince et dans la partie du Sud, et y donner mes ordres, les capitaines Jean-Philippe Dupin et Isaac m'apportèrent des dépêches de Paul-L'Ouverture [3],

---

[1] La 9ᵉ demi-brigade. Ce corps est une des plus célèbres phalanges d'Haïti ; il se prononça en faveur de Rigaud durant la première guerre civile, et en faveur de Pétion durant la seconde, interposant ainsi ses baïonnettes en faveur de la liberté.

[2] Ville de l'Artibonite, célèbre pour avoir donné naissance à Pierre Pinchinat, rédacteur de nos premiers traités de paix avec les colons. Elle est encore célèbre pour avoir, le 2 octobre 1820, pris les armes contre la tyrannie de Christophe.

[3] L'Ouverture (Paul), frère puîné de Toussaint, naquit comme lui esclave sur l'habitation Breda ; d'abord aide-de-camp de L'Ouverture, commandant militaire du Mirebalais, chef de la 10ᵉ demi-brigade, commandant militaire du Port-au-Prince, enfin général de brigade, il fut du petit nombre d'officiers qui, dès l'aurore de la révolution, se firent remarquer par leur humanité, alors que le plus grand nombre se livrait à tous les excès, à toutes les violences.

qui commandait à Santo-Domingo. Tous deux m'annonçaient qu'une descente venait d'avoir lieu à Oyarsaval [1]; que les Français et les Espagnols qui habitent cet endroit s'étaient soulevés et avaient intercepté les chemins de Santo-Domingo. Je pris connaissance de ces dépêches : en parcourant la lettre du général Paul et la copie de celle du général Kerverseau au commandant de la place de Santo-Domingo, qui y était incluse, je vis l'invitation que faisait ce général au commandant de la place et non point au général Paul, comme il eût dû le faire, de lui préparer le logement pour sa troupe. Je vis aussi le refus qui avait été fait à cette invitation par le général Paul, jusqu'à ce qu'il eût eu reçu des ordres de moi. En conséquence, je répondis au général Paul que j'approuvais sa conduite, et je lui donnai ordre de faire tout ce qui dépendrait de lui pour se défendre en cas d'attaque, et même de faire prisonniers le général Kerverseau et sa troupe, s'il le pouvait. Je remis ma réponse aux capitaines dont j'ai parlé. Mais prévoyant, à raison de l'interception des chemins qu'ils pouvaient être arrêtés et qu'on leur demanderait leurs dépêches, je les chargeai d'une seconde lettre par laquelle j'ordonnais au général Paul de prendre, avec le général Kerverseau, tous les moyens possibles de conciliation. Je prévins les capitaines, au cas qu'ils seraient arrêtés, de cacher la première lettre et de n'exhiber que la seconde.

Le général Paul, ne voyant pas arriver sitôt qu'il le désirait mes réponses à ses dépêches, m'envoya un autre officier

---

[1] Oyarsaval est une habitation hattière, c'est-à-dire destinée à l'élève des bestiaux ; elle est située à huit lieues de Santo-Domingo, près du hameau de *Boca-Nigua*, qui lui-même est situé à l'embouchure de la rivière dont il tire son nom ; *boca*, signifiant embouchure, et *nigua*, rivière.

noir porteur de ces mêmes dépêches par *duplicata* ; je donnai seulement un reçu à cet officier et le renvoyai. De ces trois officiers, deux étaient noirs et l'autre blanc ; ils furent arrêtés, comme je l'avais prévu. Les deux noirs furent assassinés contre toute espèce de justice et de raison, contre tous les droits de la guerre. Leurs dépêches furent remises au général Kerverseau qui, ayant caché la première lettre, ne fit voir que la seconde au général Paul, c'est-à-dire celle où je lui ordonnais d'entrer en négociation avec le général Kerverseau. C'est en conséquence de cette lettre que Santo-Domingo s'est rendu [1].

Ces dépêches expédiées, je repris ma route vers le Sud. A peine étais-je en marche que je fus atteint par une ordonnance arrivant à toute bride ; elle m'apportait un paquet du général Vernet [2] et une lettre de ma femme [3],

---

[1] Le 9 pluviôse an X (20 février 1802). Il est à regretter que dans une histoire récente, on ait défiguré le caractère de Paul-L'Ouverture, ainsi que les circonstances de sa reddition. Quoi qu'il en soit, Paul-L'Ouverture fut maintenu dans son grade par les Français. Pendant la guerre de l'Indépendance, Dessalines le nomma commandant de l'arrondissement du Dondon ; mais pour se venger des cruautés de Christophe, notamment de la mort de Sans-Souci, les Africains de la localité le firent prisonnier et le conduisirent dans les montagnes dites les *Ecrevisses* où un nommé Jean Caquimby, espèce de sauvage, le fit tuer sur l'habitation Chevalier à la fin de 1803.

[2] Vernet (André), mulâtre, naquit au bourg de la Marmelade en 1744 ; il devint, à la révolution, commandant militaire de cette place qu'il livra à L'Ouverture, quand celui-ci combattait contre la liberté de sa race ; marié à une nièce de ce général, il parvint lui-même au généralat. Il mourut au Cap le 25 décembre 1813, ministre des finances sous Christophe qui l'avait fait *prince des Gonaïves*. Comme Christophe était capable de tous les crimes, la clameur publique lui attribua la mort de Vernet ; peut-être est-ce injustement.

[3] Suzanne (Simon-Baptiste), fut d'abord *placée*, comme on dit et que

m'annonçant l'un et l'autre l'arrivée de mes deux enfants [1] et de leur précepteur [2], venant de Paris, ce que j'avais ignoré jusqu'alors. J'appris aussi qu'ils étaient porteurs d'ordres du premier consul pour moi. Je retournai alors sur mes pas et volai à Ennery [3], où je trouvai effectivement mes deux enfants et le précepteur respectable que le premier consul avait eu la bonté de leur faire donner. Je les embrassai avec la plus grande satisfaction et beaucoup d'empressement. Je leur demandai de suite s'il était vrai qu'ils fussent porteurs de lettres du premier consul pour moi. Le précepteur me répondit que oui, et me remit effectivement une lettre que j'ouvris et lus jusqu'à moitié ; puis je la refermai, en disant que je me réservais de la lire dans

---

l'on fait encore aujourd'hui en Haïti, à la honte des bonnes mœurs, avec un mulâtre du nom de Séraphin, dont elle eut un fils, Placide. Elle devint l'épouse de L'Ouverture sous le règne de l'esclavage. L'Ouverture adopta Placide ; de la nouvelle et honnête union, naquirent Isaac et Saint-Jean.

[1] Placide et Isaac-L'Ouverture furent envoyés en France à bord du vaisseau le *Watigny* en l'an IV (1796) ; placés au collége de la Marche qui prit le nom de lycée colonial, ils y furent élevés avec plusieurs enfants des îles : Granville, Cyrille Rigaud, Courtois, Lechat, Saint-Laurent, Hippolyte ; ce dernier est aujourd'hui un des honorables membres du ministère de S. M. Faustin Ier, empereur d'Haïti. Le lycée colonial ne fut fermé qu'au moment où commença la guerre de notre Indépendance ; s'y trouvait à cette époque un des fils de Christophe, Ferdinand, qui en fut expulsé et qui mourut de misère et de chagrin dans un hospice de Paris.

[2] M. Coisnon, directeur du lycée colonial, que le premier consul avait chargé de reconduire à L'Ouverture ses deux enfants.

[3] L'Ouverture entra à Ennery dans la nuit du 20 au 21 pluviôse (9 au 10 février). Ennery qui était alors appelé *L'Ouverture*, parce que ce général y résidait habituellement, est un petit village situé sur la route des Gonaïves à la Marmelade, au sein d'une délicieuse vallée.

un moment où je serais plus tranquille [1]. Je le priai ensuite de me faire part des intentions du gouvernement, et de me dire le nom du commandant de l'escadre que je n'avais pu savoir jusqu'alors. Il me répondit qu'il s'appelait Leclerc, que l'intention du gouvernement à mon égard était très-favorable, ce qui me fut confirmé par mes enfants et ce dont je me suis assuré ensuite, en achevant de lire la lettre du premier consul. Je leur observai cependant que si les intentions du gouvernement étaient pacifiques et bonnes à mon égard et à l'égard de ceux qui avaient contribué au bonheur dont jouissait la colonie, le général Leclerc n'avait sûrement pas suivi ni exécuté les ordres qu'il avait reçus, puisqu'il était débarqué dans l'île comme un ennemi et en faisant le mal uniquement pour le plaisir de le faire, sans s'être adressé au commandant et sans lui avoir communiqué ses pouvoirs. Je demandai ensuite au citoyen Coisnon, précepteur de mes enfants, si le général Leclerc ne lui avait remis aucune dépêche pour moi, ou s'il ne l'avait pas chargé de me dire quelque chose. Il me dit que non, m'engageant cependant à aller au Cap, pour conférer avec ce général ; mes enfants joignirent leur sollicitations pour m'y déterminer. Je leur représentai « que
» d'après la conduite de ce général, je ne pouvais avoir en
» lui aucune confiance, qu'il avait débarqué en ennemi ;
» que malgré cela, j'avais cru de mon devoir d'aller au-
» devant de lui pour empêcher le progrès du mal ; qu'alors

[1] Cette lettre est du 27 brumaire an X (18 novembre 1801). « Comp-
» tez sans réserve, y disait en terminant le premier consul à L'Ouverture,
» sur notre estime, et conduisez-vous comme doit le faire un des princi-
» paux citoyens de la plus grande nation du monde. » Elle était dans
une boîte en or.

» il avait fait tirer sur moi, que j'avais couru les plus
» grands dangers; qu'enfin, si ses intentions étaient pures
» comme celles du gouvernement qui l'envoyait, il eût
» pris la peine de m'écrire pour m'instruire de sa mis-
» sion; que même il eût dû, avant d'arriver devant la rade,
» m'envoyer un aviso avec vous, monsieur et mes enfants,
» comme cela se pratique ordinairement, pour m'an-
» noncer son arrivée et me faire part de ses pouvoirs;
» que, puisqu'il n'avait rempli aucune de ces forma-
» lités, le mal était fait et qu'ainsi je refusais définitive-
» ment d'aller le trouver; que cependant pour prouver
» mon attachement et ma soumission au gouvernement
» français, je consentais à écrire une lettre au général Le-
» clerc. Je la lui enverrai, continuai-je, par M. Gran-
» ville [1], homme respectable, accompagné de mes deux
» enfants et de leur précepteur, que je chargerai de dire
» au général Leclerc qu'il ne dépend absolument que de
» lui de perdre entièrement la colonie ou de la conserver
» à la France, que j'entrerai avec lui dans tous les arran-
» gements possibles; que j'étais prêt à me soumettre aux
» ordres du gouvernement français; mais que le général
» Leclerc m'eût à faire voir les ordres dont il était porteur;
» qu'il cessât surtout toute espèce d'hostilité. » Effectivement, je fis la lettre et la députation partit [2].

[1] M. Granville était Européen; il tenait une école aux Gonaïves; c'est à lui que L'Ouverture avait confié le soin de l'éducation de son fils Saint-Jean. Il était père de Granville (Jonathas), mulâtre dont j'ai déjà parlé, qui, après avoir brillamment servi dans les armées de la métropole, revint dans son pays s'occuper de l'enseignement, où il forma plusieurs hommes distingués par leurs lumières.

[2] M. Coisnon retourna effectivement au Cap avec M. Granville. Ils

Dans l'espoir qu'après la volonté que je venais de manifester de faire ma soumission, tout eut pu rentrer dans l'ordre, je restai aux Gonaïves jusqu'au lendemain [1]. Là, j'appris que deux vaisseaux avaient attaqué Saint-Marc ; je m'y transportai et appris qu'ils avaient été repoussés. Je retournai alors aux Gonaïves pour y attendre la réponse du général Leclerc. Enfin deux jours après, mes deux enfants arrivèrent avec cette réponse tant désirée, par laquelle ce général me mandait de me rendre auprès de lui au Cap, et m'annonçait qu'au surplus il avait donné l'ordre à ses généraux de marcher sur tous les points ; que ses ordres étant donnés, il ne pouvait plus les révoquer. Il me promettait cependant que le général Boudet s'arrêterait à l'Artibonite [2]. Je jugeai alors qu'il ne connaissait pas parfaitement le pays ou qu'on l'avait trompé, car pour arriver à l'Artibonite, il faut avoir le passage libre par Saint-Marc [3], ce qui n'était pas, puisque les deux vaisseaux qui avaient attaqué cette ville avaient été repoussés. Il m'ajoutait encore qu'on n'attaquerait pas le Môle, que seulement on en ferait le blocus, tandis que cet endroit s'était déjà rendu [4].

y restèrent avec le chagrin de n'avoir pu ramener la paix entre L'Ouverture et Leclerc.

[1] Jusqu'au 22 pluviôse (11 février).

[2] Le général Boudet partit du Port-au-Prince dans la nuit du 2 au 3 ventôse (21 au 22 février); la 13ᵉ demi-brigade, dont on avait donné le commandement à l'adjudant-général Pétion, faisait partie de sa colonne.

[3] Sortant du Port-au-Prince pour se diriger sur les bords de l'Artibonite, il faut effectivement avoir occupé Saint-Marc, à moins de déboucher par les Verrettes ou le Mirebalais.

[4] L'Ouverture reçut cette réponse le 24 pluviôse (13 février). Il était alors aux Gonaïves. Il fit prendre les armes à sa garde qui était en ce moment composée d'un bataillon de grenadiers et de deux escadrons de

Je répondis alors franchement à ce général, « que je ne
» me rendrais pas auprès de lui au Cap; que sa conduite ne
» m'inspirait pas assez de confiance; que j'étais prêt à lui
» remettre le commandement conformément aux ordres
» du premier consul, mais que je ne voulais pas être son
» lieutenant-général. » Je l'engageai de plus à me faire
passer ses intentions, en lui assurant que je contribuerais,
par tout ce qui était en mon pouvoir, au rétablissement de
l'ordre et de la tranquillité. Je lui ajoutais enfin que s'il
persistait à marcher toujours en avant, il me forcerait à
me défendre, bien que je n'avais que peu de troupes. Je
lui envoyai cette lettre par une ordonnance très-pressée qui
me rapporta de sa part « qu'il n'avait pas de réponse à me
» faire, et qu'il entrait en campagne. »

Les habitants des Gonaïves me demandèrent alors la
permission d'envoyer une députation au général Leclerc,
ce que je leur accordai; mais il retint cette députation.

Le lendemain je fus instruit qu'il s'était emparé sans
coup férir et sans tirer un seul coup de fusil du Dondon [1],

---

dragons. Il donna à ces braves la lecture de la réponse du général
Leclerc et leur dit que ce général le mettait, par sa conduite, dans la nécessité de défendre son honneur et la liberté de ses concitoyens. « Etes-vous décidés, leur demanda-t-il, à me suivre partout où le danger m'appellera? » — « Général, répondirent les soldats, nous sommes décidés à mourir avec vous, s'il le faut. »

Dès ce jour, Placide et Isaac ne retournèrent plus au Cap; le premier prit du service dans la garde et combattit vaillamment sous les yeux de son père; le second, plus fidèle à la métropole, voulut garder la neutralité et alla rejoindre sa mère à Ennery.

[1] Célèbre pour avoir donné naissance à Ogé (Vincent) qui fut roué au Cap, le 25 février 1791. Il avait réclamé, par la voie des armes, l'égalité des droits politiques en faveur des affranchis noirs et jaunes.

de Saint-Raphael, de Saint-Michel [1] et de la Marmelade; qu'il se disposait à marcher contre Ennery et les Gonaïves.

Ces nouvelles hostilités me firent faire de nouvelles réflexions. Je pensai que la conduite du général Leclerc était bien contraire aux intentions du gouvernement, puisque le premier consul, dans sa lettre, promettait la paix, tandis que lui, il faisait la guerre. Je vis qu'au lieu de chercher à arrêter le mal, il ne faisait que l'augmenter. « Ne craint-il pas, me disais-je en moi-même, en tenant » une pareille conduite, d'être blâmé de son gouverne- » ment? Peut-il espérer d'être approuvé du premier con- » sul, de ce grand homme dont l'équité et l'impartia- » lité sont si bien connues, tandis que je serai désap- » prouvé? » Je pris donc le parti de me défendre en cas d'attaque, et fis, malgré le peu de troupes que j'avais, mes dispositions en conséquence.

Gonaïves n'étant pas défensive, j'ordonnai de la brûler, en cas qu'on fût forcé à la retraite. Je plaçai le général Christophe, qui avait été obligé de se replier, dans le chemin d'Eribourg qui conduit à Bayonnet [2], et me retirai à Ennery, où une partie de ma garde d'honneur s'était rendue pour me rejoindre et me défendre. Là,

---

[1] Saint-Michel et Saint-Raphael sont deux petites bourgades espagnoles que L'Ouverture avait conquises à la République et qui sont depuis restées à la partie française.

[2] Bayonnet est une forte position dans la direction de la Ravine-à-Couleuvre; elle couvrait la droite des lignes de L'Ouverture. Christophe, malgré l'assiette redoutable de ce camp, se vit attaquer le 3 ventôse (22 février) par une brigade aux ordres du général Salm, et fut obligé de gagner la plaine des Gonaïves.

j'appris que le Gros-Morne [1] venait de se rendre, et que l'armée devait marcher contre les Gonaïves sur trois colonnes ; qu'une de ces colonnes, commandée par le général Rochambeau, était destinée à passer par la Couleuvre [2], et à descendre à La Croix pour me couper le chemin de la ville et les passages du Pont-de-l'Ester [3].

J'ordonnai de brûler la ville des Gonaïves [4], et marchai au-devant de la colonne qui se dirigeait au Pont-de-l'Ester, à la tête de trois cents grenadiers de ma garde commandés par leur chef, et de soixante gardes à cheval, ignorant la force du général Rochambeau. Je le rencontrai dans une gorge [5]. L'attaque commença à six heures du matin par un feu soutenu qui dura jusqu'à midi. Le général Rochambeau commença l'attaque. J'ai su par les prisonniers que j'ai faits que la colonne était de plus de quatre mille hommes. Pendant que j'étais aux prises avec

---

[1] Bourg situé entre les Gonaïves et le Port-de-Paix, au sommet d'une haute montagne ; son aspect est des plus pittoresques.

[2] Canton montagneux, au sud-est de la *Montagne-Noire*, où la petite ravine qui baigne l'habitation La Croix et qui vient se jeter dans la rivière de la Quinte, prend sa source. Du nom de ce canton cette petite ravine tire celui de la Ravine-à-Couleuvre.

[3] L'Ester sert de limite aux arrondissements des Gonaïves et de Saint-Marc. Il faut traverser cette rivière sur un pont de bois qui porte son nom, pour se rendre de l'un à l'autre arrondissement. A l'endroit où se trouve le pont, l'Ester, suivant Moreau de Saint-Méry, a plus de 120 pieds de large ; ses écores en ont plus de 20 d'élévation ; le pont lui-même à 120 pieds de long sur 20 de large.

[4] Cette ville, où commandait Vernet (André), fut incendiée le 2 ventôse an X (12 février 1802), après un combat livré au *Poteau* contre la division du général Desfourneaux.

[5] Cette gorge ou colline se trouve sur l'habitation La Croix ; là eut lieu l'affaire connue sous le nom de combat de la Ravine-à-Couleuvre.

le général Rochambeau, la colonne commandée par le général Leclerc [1] arriva aux Gonaïves.

L'affaire de La Croix terminée, je me rendis au Pont-de-l'Ester pour y prendre l'artillerie qui défendait cet endroit, dans l'intention de me rendre à Saint-Marc, où je comptais faire une grande résistance [2]. Mais chemin faisant, j'appris que le général Dessalines, après être arrivé avant moi dans cet endroit, avait été obligé de l'évacuer [3], et s'était retiré à la Petite-Rivière. Je fus obligé d'après cette manœuvre de retarder ma marche pour envoyer en avant de moi les prisonniers que j'avais faits à La Croix, et les blessés à la Petite-Rivière, et me déterminai à m'y rendre moi-même. Arrivé chez Couriotte, dans la plaine, j'y laissai ma troupe, et me portai seul en avant. Je trouvai tout le pays évacué [4]. Je reçus une

[1] Ce n'était pas le général Leclerc qui commandait cette colonne, mais bien le général Desfourneaux.

[2] L'Ouverture avait voulu se renfermer dans Saint-Marc, parce que cette place est régulièrement fortifiée. Ce sont les Anglais qui, pendant leur occupation de 1793 à 1798, lui donnèrent sa ceinture de murailles.

[3] Dessalines fit incendier cette ville le 6 ventôse an X (24 février 1802), sans avoir essuyé aucune attaque et alors que l'armée du général Boudet était encore aux environs de Mont-Rouis. Des dépôts de poudre, de goudron, d'eau-de-vie, d'huile avaient été répartis sur différents points. La propre maison de Dessalines, dont la construction, l'ameublement, les fresques avaient coûté plusieurs millions, était remplie de ces matières de la cave au grenier. « Il tint à honneur de donner l'exemple du sacrifice ; » il le fit d'une manière solennelle. Après avoir distribué des torches à » ses officiers, il en saisit une, l'alluma à un grand feu, qu'il faisait entre- » tenir depuis deux jours sur la place d'armes, et donna lui-même le si- » gnal de l'incendie, en portant sa torche sur l'amas de bois goudronné » qui remplissait le vestibule de sa maison. Dans un instant l'incendie » fut général. » Pamphile de Lacroix, *Révolution de Saint-Domingue.*

[4] Les habitants de la plaine de l'Artibonite s'étaient réfugiés dans les Cahos.

lettre du général Dessalines qui m'instruisait qu'ayant appris qu'on devait attaquer le Cahos ¹, il s'y était rendu pour le défendre. Je lui donnai ordre de venir de suite me joindre. Je fis mettre les munitions de guerre et de bouche que j'avais avec moi dans le Fort-L'Ouverture ², à la Crête-à-Pierrot. J'ordonnai au général Vernet de se procurer les vases pour contenir l'eau nécessaire à la garnison en cas de siége. A l'arrivée du général Dessalines, je lui ordonnai de prendre le commandement de ce fort et de s'y défendre jusqu'à la dernière extrémité. Je lui laissai pour cet objet la moitié de mes gardes avec le chef de brigade Magny ³ et mes deux es-

¹ Il y a le grand et le petit Cahos. Ce sont des groupes de montagnes qui versent dans l'Est, dans le Nord et dans l'Ouest. Toutes les issues qui mènent dans les flancs de ces groupes peuvent être facilement défendues. La principale de ces issues se trouve au nord-est du village de la Petite-Rivière; elle est flanquée à l'ouest d'un morne environ une lieue de circuit que les premiers colonisateurs baptisèrent, suivant leur habitude, du nom bizarre de la *Crête-à-Pierrot*.

² Cette position déjà célèbre par le combat que les affranchis y gagnèrent, le 7 avril 1792, contre les colons, sur lesquels ils firent cent cinquante prisonniers, fut occupée par les Anglais. Ceux-ci y élevèrent un fort dont le feu se croisait dans toutes les directions; ils l'appellèrent *Fort-Royal*. Quand L'Ouverture fit la conquête de la Petite-Rivière sur les Anglais, il donna à ce fort le nom de *Fort-L'Ouverture*. Aujourd'hui il n'est connu que sous le nom de *Fort de la Crête-à-Pierrot*. Dessalines, dont le génie ne put jamais que détruire, sans savoir rien édifier, commençait à faire raser la fortification, quand L'Ouverture parut à la Petite-Rivière. Il empêcha qu'elle ne le fût. *Mémoires* d'Isaac-L'Ouverture.

³ Magny (Etienne) naquit au Cap-Français, vers 1765. Ancien libre, il servit un instant sous les Espagnols contre la France; à la proclamation de la liberté générale, il revint au Cap. Chef d'escadron, aide-de-camp du général Villatte, il ne cessa de donner des preuves de son amour de l'ordre. L'Ouverture sut apprécier sa bravoure; il le fit chef de brigade.

cadrons[1]. Je lui enjoignis de ne pas laisser le général Vernet exposé au feu, mais de le laisser dans un endroit retiré pour veiller au travail des cartouches. Enfin je fis dire au général Dessalines que pendant que le général Leclerc viendrait attaquer cette place, j'irais dans la partie du Nord pour faire diversion et reprendre les différentes places dont on s'était emparé; par cette manœuvre, je forçais ce général à revenir sur ses pas, à prendre des arrangements avec moi pour conserver au gouvernement cette belle colonie.

Ces ordres donnés, je pris six compagnies de grenadiers commandés par Gabart[2], chef de la 4e demi-brigade, et le chef de bataillon Pourcely[3]. Je marchai sur

commandant de sa garde d'honneur. Il parvint, sous la monarchie de Christophe, à la dignité de maréchal. Pendant le siége du Port-au-Prince, en 1812, il se rendit à la République, fondée par Pétion dans l'Ouest et le Sud. Commandant de l'arrondissement du Cap, après la pacification du Nord, il mourut en cette ville à la fin de septembre 1827.

[1] Chaque escadron était composé de quatre cents hommes; le chef d'escadron Morisset, mulâtre, commandait le premier; le chef d'escadron Monpoint, noir, commandait le second.

[2] Vaillant-Gabart (Louis), nommé *vaillant* pour son intrépidité, mulâtre, naquit au Dondon, le 28 octobre 1776. Il servit sous L'Ouverture, pendant que celui-ci marchait sous les bannières espagnoles. Il devint, sous le gouvernement de Dessalines, général de brigade; il s'attira la méfiance de ce chef redoutable et tomba en suspicion. Il mourut à Saint-Marc, le 30 octobre 1805. On dit que l'empereur, à cette nouvelle, s'écria : « Ah ! la mort a été plus prompte que moi. » Paroles cruelles qui, peut-être, sont fausses, mais auxquelles le peuple crut, tant il est vrai qu'un mauvais prince est capable de tout.

[3] Pourcely, mulâtre, continua à servir, lors de l'occupation française, dans la 4e demi-brigade. Dessalines, empereur, le fit colonel de la 9e du Port-de-Paix. Christophe, après sa révolte contre la République, le fit général de brigade. Il fut tué en juillet 1807, dans une attaque contre l'armée républicaine qui occupait le Port-de-Paix.

Ennery [1]. J'y trouvai la proclamation du général Leclerc qui me met hors la loi [2]. Persuadé que je n'avais aucun tort à me reprocher, que tout le désordre qui régnait dans le pays avait été occasionné par le général Leclerc; me croyant d'ailleurs légitime commandant de l'île, je réfute sa proclamation et le mets lui-même hors la loi [3]. Sans perdre de temps, je me remets en marche et reprends sans coup férir Saint-Michel, Saint-Raphaël, le Dondon et la Marmelade. Dans cette dernière place, je reçus une lettre du général Dessalines qui m'instruisait que le général Leclerc avait marché contre la Petite-Rivière sur trois colonnes; que l'une de ces colonnes, passant par le Cahos et le Grand-Fonds, s'était emparée de tous les trésors de la république venant des Gonaïves, et de l'argent que les habitants avaient déposé [4]; qu'elle était tellement chargée de butin qu'elle n'avait pu se porter à sa destination, et

[1] Le 12 ventôse (3 mars); L'Ouverture fit incendier ce village et se dirigea à la Marmelade. *Rapport du général Desfourneaux.*

[2] Extrait de la proclamation du 28 pluviôse an X (17 février 1802).

« J'ordonne ce qui suit :

» Art. 1er. Le général Toussaint et le général Christophe sont mis
» hors la loi, et il est ordonné à tout citoyen de courir sus et de les traiter
» comme des rebelles à la République française. »

[3] Il semblerait que L'Ouverture eût mis le général Leclerc hors la loi dans le bourg d'Ennery; cependant la proclamation est datée du 10 ventôse (1er mars), au quartier-général de la Petite-Rivière.

[4] Cette colonne était commandée par le général Rochambeau; elle arrivait de Saint-Michel et se dirigeait contre la Petite-Rivière. Elle rencontra, le 11 ventôse (2 mars), au Grand-Fonds, sur l'habitation Magnan, un camp commandé par un mulâtre, le chef de bataillon Aignan, un des hommes les plus cruels dont on ait gardé la mémoire; elle enleva ce camp à la baïonnette et y trouva le trésor national des Gonaïves, de Saint-Marc et l'argent de quelques officiers, notamment du général Dessalines. Les sommes étaient considérables; elles furent envoyées au

qu'elle avait été obligée de rétrograder pour déposer ses richesses au Port-Républicain ; que les deux autres colonnes, qui avaient attaqué le fort, avaient été repoussées par le chef de brigade Magny [1] ; que le général Leclerc, ayant réuni plus de forces, avait ordonné une seconde attaque qui avait été également repoussée par lui, le général Dessalines, qui était arrivé alors [2].

Instruit de ces faits, je me portai sur Plaisance et m'emparai d'abord du camp de Bidouret, qui domine cette place [3]. Ce camp était occupé par des troupes de li-

---

Port-Républicain. Rochambeau délivra aussi une grande quantité de prisonniers.

[1] Cette attaque eut lieu le 13 ventôse (4 mars). Le fort, couronné par douze pièces de canon de 8 et de 12, avait une garnison de près de douze cents hommes, tirés des 3ᵉ, 4ᵉ, 7ᵉ demi-brigades, de la garde d'honneur, des *Manteaux-Rouges* des Gonaives et de l'artillerie de Saint-Marc. Celui des lieutenants de Magny qui se distingua le plus dans cette journée, fut Lamartinière, chef de bataillon à la 3ᵉ demi-brigade. Les Français perdirent à cet assaut plus de cent hommes; le général Debelle y fut blessé.

[2] Cette seconde attaque eut lieu le 21 ventôse (12 mars). Les Français y perdirent près de quinze cents hommes. C'est après avoir repoussé les Français que le général Dessalines envoya le chef de bataillon Lamartinière, avec deux cents hommes et deux pièces de canon élever à l'est du fort une petite redoute pour contenir la division du général Rochambeau qui menaçait davantage le fort L'Ouverture.

[3] Le 14 ventôse (5 mars). L'Ouverture n'avait que les six compagnies de grenadiers qu'il avait détachées de la Petite-Rivière et que commandait le chef de brigade Gabart; à la tête de deux compagnies, il s'empara, l'arme au bras, de la position Bidouret et de plusieurs autres qui couvraient la place. Le lendemain, sur l'habitation Laforesterie, presque attenante au village de Plaisance, il y eut une affaire générale dans laquelle L'Ouverture eut un cheval tué sous lui; il y fut même blessé. C'est dans ce combat qu'il fut douloureusement affecté, en reconnaissant parmi les Français quelques compagnies de la 9ᵉ demi-brigade qu'il pen-

gne ¹. J'emportai également d'assaut tous les postes avancés. Au moment où j'allais tomber sur Plaisance, je reçus une lettre du commandant de la Marmelade, qui me donnait avis qu'une forte colonne venant de la partie espagnole se dirigeait contre cette dernière place. Je me portai alors promptement sur cette colonne, qui, au lieu de se diriger sur la Marmelade, avait marché sur Hinche, où je la poursuivis sans pouvoir l'atteindre. Je retournai aux Gonaïves, et me rendis maître de la plaine qui environne cette ville, prêt à marcher sur le Gros-Morne pour aller délivrer le général Maurepas, qui devait être au Port-de-Paix, ou qui devait s'être retiré dans les montagnes où je lui avais ordonné de camper, ignorant s'il avait déjà capitulé et fait sa soumission au général Leclerc ². Je reçus une

sait être encore à défendre le Port-de-Paix. Il s'avança au milieu de l'action et harangua les soldats. Ceux-ci étaient sur le point de repasser sous ses drapeaux, quand Placide Lebrun, sous-lieutenant de grenadiers, commanda feu sur lui.

¹ La 30ᵉ demi-brigade légère.

² Maurepas (Jacques), après avoir incendié le Port-de-Paix, le 23 pluviôse (12 février), s'était retiré à la tête de la 9ᵉ demi-brigade, dont Bodin était le chef, dans les montagnes dites les *Trois-Pavillons*, sur l'habitation Brissot. Le général Humbert occupa les décombres de la ville et marcha, le 24 pluviôse (13 février), contre Maurepas, qui le battit complétement. Leclerc, à cette nouvelle, envoya par mer le général Debelle avec quinze cents hommes renforcer le général Humbert. Debelle, dans la nuit du 30 pluviôse au 1ᵉʳ ventôse (19 au 20 février), attaqua à son tour; battu aussi, il rentra en désordre au Port-de-Paix. Mais, Maurepas, au lieu de continuer la lutte, lui qui seul pouvait en ce moment assurer une puissante diversion en faveur de L'Ouverture, capitula le 7 ventôse (26 février), et descendit au Port-de-Paix le lendemain *. Le général Leclerc sembla honorer son courage en le maintenant en activité. Impliqué dans l'insurrection de Capoix (François), il fut embarqué sur la frégate la *Guerrière*, capitaine Baudouin, avec le chef de brigade Bodin

* Rapport de l'amiral Latouche-Tréville, du 13 ventôse (4 mars).

troisième lettre du général Dessalines, qui me faisait le rapport que le général Leclerc, ayant réuni toutes ses forces, avait ordonné l'assaut général, qu'il avait été repoussé, ce qui l'avait déterminé à faire cerner cette place et à la faire bombarder [1]. Dès que j'appris le danger dont elle était menacée, je me hâtai d'y porter ma troupe pour la délivrer. Arrivé devant le camp, je fis une reconnaissance, pris les renseignements nécessaires et me disposai à l'attaque. Je devais infailliblement entrer dans le camp par un côté faible que j'avais reconnu [2], et m'emparer de

---

et une partie de la 9ᵉ; transféré à bord du vaisseau-amiral le *Duquay-Trouin*, il fut noyé dans la rade du Cap, pendant la nuit, au commencement de frimaire an XI (novembre 1802).

J'ai hâte de dire qu'il est faux, ainsi qu'on l'a souvent répété, que le trop malheureux Maurepas ait été préliminairement pendu aux vergues, après qu'on lui aurait eu cloué sur la tête son chapeau de général.

[1] Ce bombardement commença le 1ᵉʳ germinal (22 mars). Alexandre Pétion, qui avait fait ses premières armes dans l'artillerie, dirigea un mortier contre le fort, et donna dans ce service des preuves de son habileté, au témoignage des généraux français eux-mêmes; il y jeta plusieurs bombes qui en hâtèrent l'évacuation. Une histoire récente, imprimée en Haïti, dit que Pétion, dans ces circonstances, *donnait mollement*, et qu'*il ne s'était armé que contre Toussaint, son ennemi personnel*. Si de pareilles assertions restaient sans protestation, autant vaudrait que la vérité rentrât au fond de son puits. Pétion déploya au service des Français autant de dévoûment et de courage que Dessalines et Christophe en déployèrent par la suite; mais à cette différence qu'il ne trempa point, pour plaire aux blancs, ses mains dans le sang de ses concitoyens, comme ces deux généraux. C'est encore à tort qu'il est dit que Pétion considérait L'Ouverture comme son ennemi personnel. L'Ouverture, au contraire, estimait dans Pétion les capacités et la bravoure. Seulement Pétion crut voir en lui et avec quelque raison l'apôtre des colons, l'ennemi de la liberté; il se retira de son service pour embrasser le parti de Rigaud.

[2] Sans doute par la *Savane-Brûlée*, car c'est là qu'il était campé quand l'évacuation eut lieu.

la personne du général Leclerc et de tout son état-major; mais au moment de l'exécution, j'appris que la garnison, manquant d'eau, avait été obligée d'évacuer le fort [1]. Si le projet avait réussi, mon intention était de renvoyer le général Leclerc au premier consul, en lui rendant un compte exact de sa conduite, et en le priant de m'envoyer une autre personne digne de sa confiance, à qui j'eusse remis le commandement.

Je me retirai au Grand-Fonds [2], pour y attendre la gar-

---

[1] Cette évacuation eut lieu le 3 germinal dans la nuit (24 mars), après trois jours et trois nuits de bombardement; déjà cinq cents hommes étaient ou morts ou blessés dans le fort principal des effets des bouches à feu. Nul néanmoins ne songeait à se rendre. Loin de là, le pavillon rouge, pavillon *sans-quartier*, avait été élevé aux quatre angles des deux forts. Mais qui peut lutter contre la faim et la soif? « Les troupes, dit » M. Descourtilz, dans son *Voyage d'un naturaliste*, privées d'eau et de » nourriture, avec cette chaleur accablante, obligées de mâcher des » balles de plomb dans l'espoir d'étancher une soif insupportable, pro- » voquaient par cette trituration une salive bourbeuse qu'ils (sic) trou- » vaient encore délicieuse à avaler. Ils (sic) souffraient sans se plaindre » par l'espérance de se venger. Languissants de faim, agités par la peur, » ces soldats promenaient ces deux sensations opposées sur leur figure » moribonde. » Alors les blessés demandèrent la *mort* ou l'*évacuation*. L'évacuation fut décidée et s'opéra à travers les lignes ennemies par un affreux carnage. Descourtilz, profitant de la confusion générale, put se sauver et aller joindre l'armée française. Ce ne furent donc que la faim et la soif qui commandèrent l'évacuation, car les Français trouvèrent dans le Fort-L'Ouverture vingt-cinq milliers de poudre; cependant j'ai vu imprimer que la cause de l'évacuation fut due principalement au dé- faut de munitions. Magny et Lamartinière dirigèrent cette évacuation. Dès la veille au soir, Dessalines, suivi de ses aides-de-camp et de ses secrétaires, avait abandonné ce champ périlleux pour aller chercher des secours.

[2] Il entra au Grand-Cahos le 3 germinal (24 mars). C'est sur l'habita- tion Chassériaux que L'Ouverture établit son quartier-général, à quel- ques milles de celle de Vincindière, où se tenaient Mme L'Ouverture et

nison de la Crête-à-Pierrot et réunir mes forces. Dès que cette garnison y fut arrivée, je demandai au général Dessalines où étaient les prisonniers que précédemment il m'avait dit être au Cahos. Il me répondit qu'une partie avait été prise par la colonne du général Rochambeau, qu'une autre avait été tuée dans les différentes attaques qu'il avait essuyées, et que le reste enfin s'était échappé dans les différentes marches qu'il avait été obligé de faire.

On voit par cette réponse que c'est injustement qu'on a voulu m'imputer les assassinats qui furent commis, parce que, disait-on, comme chef, j'aurais dû les empêcher; mais suis-je responsable du mal qui se fait en mon absence et à mon insu? [1].

Etant aux Gonaives [2], j'avais envoyé mon aide-de-camp Couppé au général Dessalines pour lui dire de donner ordre au commandant de Léogane de faire sortir tous les habitants, hommes et femmes, et de les envoyer au Port-Répu-

---

son fils Isaac, Fontaine, Morisset, Monpoint, Placide-L'Ouverture étaient les principaux officiers qui entouraient alors le *Premier des Noirs*.

[1] Le plus horrible des massacres de cette époque fut commis dans la nuit du 3 au 4 ventôse an X (22 au 23 février 1802), à la Petite-Rivière de l'Artibonite par les ordres de Dessalines. Les blancs, liés deux à deux, furent conduits derrière la prison de cette place, que commandait le chef de bataillon Lafortune; bientôt le silence de la nuit fut troublé par les cris des victimes expirantes. L'abbé Videau, qui desservait la paroisse, digne ministre d'un Dieu de miséricorde, arracha les femmes et les enfants à la fureur des assassins. Mme Dessalines, cette femme pieuse qu'on trouve toujours dans les sanglantes épopées de Saint-Domingue, pour en diminuer l'horreur, sauva cette nuit-là de nombreuses victimes; elle conserva surtout à la France un grand naturaliste, M. Descourtilz, auteur de la célèbre *Flore des Antilles*; elle ne réussit à sauver ce médecin qu'après une lutte violente avec son mari. C'est ce même naturaliste qui, traîné plus tard au Fort-L'Ouverture, y pansa nos blessés.

[2] Au commencement des hostilités.

blicain ; de réunir dans cette place le plus d'hommes armés qu'il eût pu, de s'y préparer en cas d'attaque à la plus vive résistance. Mon aide-de-camp Couppé, porteur de mes ordres, revint et me dit qu'il n'avait pas rencontré le général Dessalines, mais qu'il avait appris que Léogane avait été brûlée [1] et que les habitants s'étaient sauvés au Port-Républicain.

Tous les désastres arrivés jusqu'à cette époque viennent du général Leclerc : pourquoi avant son débarquement ne m'a-t-il pas fait part de ses pouvoirs? Pourquoi a-t-il débarqué sans mon ordre et au mépris de l'arrêté de la commission [2]? N'est-ce pas lui qui a commis les premières hostilités? N'a-t-il pas cherché à gagner les généraux et autres officiers sous mes ordres par tous les moyens possibles? N'a-t-il pas cherché à soulever les cultivateurs, en leur persuadant que je les traitais comme des esclaves et qu'il venait pour rompre leurs fers? Devait-il employer de tels moyens dans un pays où régnaient la paix et la tranquillité? Dans un pays qui était au pouvoir de la République? Si j'ai fait travailler mes semblables, c'était pour leur faire goûter le prix de la véritable liberté sans licence ;

[1] Léogane fut livrée au pillage et aux flammes par le chef de la brigade Pierre-Louis Diane, de la 8ᵉ demi-brigade, le 23 pluviôse an X (12 février 1802); la garnison alla camper au *Cabaret-Quart*, dans les mornes environnants. Cette ville est célèbre pour avoir donné naissance à Madame Dessalines (la vertueuse Claire Bonheur) et à Lamartinière, le héros de la Crête-à-Pierrot; elle l'est encore pour la belle défense que Renaud-Desruisseaux et Pétion y firent contre les Anglais le 1ᵉʳ germinal an IV (21 mars 1796).

[2] Cet arrêté, si souvent invoqué par L'Ouverture pour le besoin de sa cause, est un de ces mille arrêtés arrachés par sa politique à la complaisance et souvent à l'intimidation qu'il inspirait à l'agent Roume, représentant de la métropole à Saint-Domingue.

c'était pour empêcher la corruption des mœurs ; c'était pour le bonheur général de l'île, pour l'intérêt de la République. Et j'avais effectivement réussi dans ma tâche, puisqu'on ne voyait pas dans toute la colonie un seul homme désœuvré et que le nombre des mendiants était diminué au point qu'à part quelques-uns dans les villes, on n'en voyait pas un seul dans les campagnes.

Si le général Leclerc avait eu de bonnes intentions, eût-il reçu dans son armée le nommé Golart [1] et lui eût-il donné le commandement de la 9ᵉ demi-brigade, corps qu'il avait soulevé, alors qu'il y était chef de bataillon ? Eût-il employé ce rebelle dangereux qui fit assassiner les propriétaires sur leurs habitations ; qui envahit la ville du Môle-Saint-Nicolas, qui tira sur le général Clerveaux [2], qui y commandait, sur

---

[1] Golart (Lubin), nègre, naquit aux environs du Port-de-Paix ; il prit les armes dès le commencement de la révolution. Brave, audacieux, il parvint, durant la guerre contre les Anglais, au commandement du 2ᵉ bataillon de la 9ᵉ demi-brigade, et à celui de la place de Jean-Rabel. Ennemi des colons et des Anglais, il se prononça hautement contre L'Ouverture, quand il le vit accueillir les uns et les autres ; le 22 messidor an VII (10 juillet 1799), il leva l'étendard de l'insurrection avec le chef de bataillon Bellegarde, qui commandait au Môle, en faveur de Rigaud, alors en guerre avec L'Ouverture. Vaincu, il se retira dans les âpres montagnes du Port-de-Paix, et y resta dans toute sa liberté, sans qu'on pût l'en déloger. Rentré à Jean-Rabel à l'arrivée des Français, il fut réintégré dans ses fonctions. Golart mourut à Plaisance en pluviôse an X (février 1802).

[2] Clerveaux (Augustin), mulâtre, naquit à la Marmelade vers 1763. Officier dans une compagnie franche, il fut un des traîtres, qui le 16 frimaire an II (6 décembre 1793), livrèrent cette commune aux Espagnols. Aussi, Toussaint le fit lieutenant-colonel. Quand ce dernier passa au service de la République, la fortune de Clerveaux ne fit qu'augmenter : Toussaint, en récompense de plusieurs hauts faits, le fit nommer colonel du 6ᵉ régiment à l'organisation de ce corps, et enfin général de brigade.

le général Maurepas et sur son chef de brigade ; qui fit la guerre aux cultivateurs de Jean-Rabel, des *Moustiques* et des hauteurs du Port-de-Paix ; qui poussa l'audace jusqu'à se défendre même contre moi, lorsque je marchai contre lui pour le soumettre à son chef et reprendre le territoire et la ville qu'il avait envahis ! Le jour qu'il osa tirer sur moi, une balle coupa le plumet de mon chapeau ; Bondère, médecin, qui m'accompagnait, fut tué à mes côtés ; mes aides-de-camp furent démontés. Enfin ce brigand, après s'être souillé de tous les crimes, s'était caché dans une forêt ; il n'en sortit qu'à l'arrivée de l'escadre française. Le général Leclerc eût-il élevé également au rang de chef de brigade un autre rebelle appelé L'Amour Desrances [1], qui a fait assassiner tous les habitants de la plaine du Cul-de-Sac ; qui a soulevé les cultivateurs ; qui a saccagé toute cette partie de l'île ; contre lequel deux mois seulement avant l'arrivée de l'escadre, j'avais été obligé de marcher et que j'avais forcé de se retirer dans les forêts. Pourquoi a-t-on reçu amicalement ces rebelles et d'autres, tandis qu'à mes subordonnés

---

Lors de l'invasion de 1802, il livra aux Français le département du Cibao qu'il commandait, manquant ainsi à tout ce qu'il devait au *Premier des Noirs*. C'était un homme plein de bravoure, mais inintelligent et parfois cruel. Il mourut au Dondon à la fin de 1804.

[1] Desrances (L'Amour), nègre africain, appartenait à l'habitation Desrances, dans les hauteurs de la Rivière-Froide, sur la limite des arrondissements du Port-au-Prince et de Jacmel. Lors de la guerre civile qui éclata entre Rigaud et Toussaint, il se prononça en faveur du premier. On lui dut à cette époque le salut de Per, de Cantabre et de plusieurs autres jeunes hommes qui, plus tard, illustrèrent le pays par leurs armes. Comme Golart, il vécut loin du joug de fer de L'Ouverture dans les doubles montagnes de Barohuco. Il vint, le 2 ventôse (21 février 1802), faire sa soumission aux Français. Pamphile de Lacroix, qui reçut au Port-au-Prince cette soumission, l'envoya contre Pierre-Louis Diane. Ce der-

et à moi, qui sommes restés constamment fidèles au gouvernement français et qui avons maintenu l'ordre et la tranquillité, on nous a fait à nous la guerre? Pourquoi veut-on me faire un crime d'avoir fait exécuter les ordres du gouvernement[1] ? Pourquoi veut-on m'imputer tout le mal qui a été fait et les désordres qui ont régné? Tous les faits sont connus de tous les habitants de Saint-Domingue. Pourquoi, en arrivant, n'a-t-on pas été à la source du mal? Les troupes, qui se sont rendues au général Leclerc, en avaient-elles reçu l'ordre de moi? M'avaient-elles consulté? Non. Eh bien ! ceux qui ont fait le mal ne m'avaient pas non plus consulté. Il ne faut pas à présent me donner plus de tort que je n'en mérite.

Je fis part de ces réflexions à quelques prisonniers que j'avais. Ils me répondirent qu'on craignait l'influence que j'avais sur le peuple et qu'on n'employait tant de moyens violents que pour la détruire. Cela me fit faire de nouvelles réflexions. Considérant tous les malheurs que la colonie avait déjà essuyés, les habitations détruites, les assassinats commis, les violences exercées même sur les femmes, j'oubliai tous les torts qu'on pouvait avoir à mon égard,

---

nier se dirigeait alors avec la 8ᵉ demi-brigade par les gorges de la Rivière-Froide à l'Artibonite. Diane fut battu et fait prisonnier.

L'Amour Desrances fut des premiers à s'insurger contre l'armée française; il prit le titre de général en chef et refusa de reconnaître l'autorité supérieure qu'on venait de décerner à Dessalines. Celui-ci eut recours à la ruse ; il le fit inviter à passer la revue des troupes qui étaient campées sur l'habitation Rocheblanche. Desrances fut ainsi arrêté le 7 messidor an XI (26 juin 1803) et conduit à la Petite-Rivière où il fut tué [*].

[1] Toujours l'arrêté du 16 pluviôse que prit l'agent Roume.

[*] *Journal* tenu par L'Aurore Lemaire, adjudant-général de l'Amour Desrances.

pour ne penser qu'au bonheur de l'île et à l'intérêt du gouvernement. Je me déterminai à obéir à l'ordre du premier consul, vu surtout que le général Leclerc venait de se retirer lui-même au Cap avec toute sa troupe, après l'affaire de la Crête-à-Pierrot.

Il est à remarquer que jusqu'en cet instant, je n'avais pas encore pu trouver un seul moment pour répondre au premier consul. Je saisis avec empressement cette lueur de tranquillité pour le faire. J'assurai le premier consul de ma soumission et de mon entier dévoûment à ses ordres, en lui annonçant « que s'il n'envoyait pas un autre officier géné- » ral plus ancien prendre le commandement, j'aiderai le » général Leclerc à faire tout le mal possible par la résis- » tance que je lui opposerai [1]. » Je me rappelai alors que le général Dessalines m'avait rendu compte que deux officiers de l'escadre, dont un aide-de-camp du général Boudet et un officier de marine [2], accompagnés de deux dragons, envoyés pour soulever la troupe, avaient été faits

---

[1] Plusieurs auteurs, notamment Placide Justin, dans son *Histoire d'Haïti*, relatent d'après des écrivains anglais une lettre pleine de dignité et surtout de hauteur, comme étant la réponse de L'Ouverture au premier consul. Cette lettre est évidemment apocryphe, car il y est question des *limiers de Cube*, espèce de chiens anthropophages, qu'on ne fit venir dans la colonie que sous le gouvernement de Rochambeau, c'est-à-dire bien longtemps après l'arrestation et l'embarquement de L'Ouverture. Il est vraisemblable que la lettre de L'Ouverture ne parvint jamais à sa destination.

[2] Le chef de brigade Sabès et l'aspirant de marine Gémont. Ces deux officiers, avec les deux dragons envoyés par le général Boudet en parlementaires au Port-au-Prince, furent arrêtés; et à l'attaque de cette ville, ils furent dirigés sur Saint-Marc, par les ordres de Lamartinière (Louis d'Or), chef de bataillon, au mépris des principes de la guerre; — ce qui étonne d'autant plus que Lamartinière, habile et intrépide soldat, devait

prisonniers, lors de l'évacuation du Port-au-Prince. J'ordonnai qu'on me les amenât; et après avoir conversé avec eux [1], je les renvoyai au général Boudet, pour qui je leur remis

connaître et pratiquer les lois de son métier, qui établissent l'inviolabilité du parlementaire.

De Saint-Marc, on conduisit Sabès et Gémont à la Petite-Rivière où ils furent témoins de la terrible boucherie du 3 ventôse. Ils ne durent eux-mêmes leur salut qu'à l'ordre formel de L'Ouverture de les lui garder sains et saufs, sous peine de mort. Le jour même de cette boucherie, ils obtinrent du commandant de la place, Lafortune, de se rendre au Cahos avec l'abbé Videau et les veuves et orphelins à qui ce saint homme servait de consolation et d'appui. On fit halte à Plassac. Là se trouvaient l'administrateur Volé, ses employés et un grand nombre d'autres blancs. Sabès et Gémont furent le lendemain témoins d'un nouveau carnage dans lequel périt Volé, malgré l'amitié que L'Ouverture et Dessalines lui témoignaient. Cette fois, les deux parlementaires eux-mêmes allaient être égorgés. « Déjà, dit M. Gémont, dans son *précis* imprimé en 1804 à Roche-
» fort, le bras de la mort est étendu sur nos têtes; déjà je suis dépouillé
» d'une partie de mes vêtements, lorsque l'abbé Videau rassemble toutes
» ses forces pour nous sauver; ce n'est plus un homme, c'est un Dieu. Il
» nous presse dans ses bras et s'écrie d'une voix stentorée : « Respectez
» au moins le caractère de ces envoyés ou faites-moi périr avec eux. »
L'effort était au-dessus des forces de la nature, le vénérable prélat tomba évanoui. Un saint respect, une terreur religieuse s'emparent des esprits; les parlementaires furent sauvés. Enfin un détachement, sous les ordres du sergent Jean Farel, noir, conduisit les parlementaires au Cahos sur l'habitation Vincindière; plusieurs fois ils y faillirent être sacrifiés; mais la bravoure et l'humanité de Jean Farel les protégèrent même contre des officiers supérieurs. Ce ne fut que le 7 germinal (28 mars) que L'Ouverture les fit venir à Chassériaux et les renvoya parmi les leurs.

[1] « Toussaint-L'Ouverture se plaignit à nos parlementaires de la
» fâcheuse position où en étaient venues les choses. Le chef de brigade
» Sabès eut le courage de lui observer que la guerre n'avait éclaté que
» parce qu'il méconnaissait l'autorité de la métropole. Toussaint-L'Ou-
» verture lui jeta un regard d'étonnement, dédaigna de lui répondre, et
» s'adressant à l'officier de marine en ces termes : « Vous êtes un offi-
» cier de marine, Monsieur, eh bien ! si vous commandiez un vaisseau

une lettre avec celle que j'avais écrite au premier consul.

A l'instant où j'expédiais ces deux officiers, j'apprends que le général Hardy a passé la Coupe-à-l'Inde avec son armée, qu'il s'est porté sur mes propriétés, qu'il les a ravagées, qu'il a enlevé tous mes animaux et surtout un cheval nommé *Bel-Argent*, dont je faisais le plus grand cas. Sans perdre de temps, je me portai contre lui avec la force que j'avais [1]; je l'atteignis près du Dondon. L'affaire s'engagea et dura avec le plus grand acharnement depuis onze du matin jusqu'à six heures du soir.

Avant que de partir, j'avais donné l'ordre au général Dessalines d'attendre la réunion de la garnison qui avait évacué la Crête-à-Pierrot et d'aller se camper au Camp-Marchand [2], le prévenant qu'après le combat je me serais rendu à la Marmelade.

» de l'Etat, et que, sans vous donner avis, un autre officier vint vous
» remplacer en sautant à l'abordage par le gaillard d'avant, avec un
» équipage double du vôtre, pourriez-vous être blâmé de chercher à
» vous défendre sur le gaillard d'arrière ?

« Telle est ma position vis-à-vis de la France. » *Révolution de Saint-Domingue*, Pamphile de Lacroix.

[1] Cette force montait à trois compagnies de dragons, commandés par Morisset et Placide L'Ouverture. L'Ouverture envoya, de Saint-Michel, ordre à Christophe, qui occupait les hauteurs de la Grande-Rivière, de marcher pour prendre la division Hardy en tête, tandis qu'il la prendrait en queue. Il continua en avant avec toutes les milices de la contrée. Le combat eut lieu le 8 germinal (29 mars 1802). Christophe manqua d'y être fait prisonnier. Hardy sut se frayer du chemin; il fut néanmoins poursuivi jusque sur la route du Cap.

[2] Marchand est une habitation située dans la plaine de l'Artibonite, à environ sept lieues de la Petite-Rivière. Dessalines en fit plus tard sa résidence impériale. Alors une ville s'y éleva comme par enchantement; cette ville, bâtie en bois, périclita comme son fondateur; quelques baraques que dominent quelques fortifications en mauvais état, y attristent aujourd'hui l'œil du voyageur.

Arrivé dans cet endroit, je reçus la réponse du général Boudet, qu'il m'envoyait par mon neveu Chancy qu'il avait précédemment fait prisonnier [1]. Ce général m'assurait que ma lettre parviendrait facilement au premier consul, qu'à cet effet il l'avait déjà envoyée au général Leclerc, qui lui avait promis de la faire partir. Sur le rapport de mon neveu et après la lecture de la lettre du général Boudet, je crus reconnaître en lui un caractère d'honnêteté et de franchise, digne d'un officier français fait pour commander. Je m'adressai en conséquence à lui avec confiance pour le prier d'engager le général Leclerc à entrer avec moi dans des moyens de conciliation. Je lui assurais que l'ambition n'avait jamais été mon guide, mais bien l'honneur ; que j'étais prêt à rendre le commandement pour obéir aux ordres du premier consul, et à faire tous les sacrifices nécessaires pour arrêter les progrès du mal. Je lui envoyai ma lettre par mon neveu Chancy qu'il retint près de lui [2].

[1] Le chef d'escadron Chancy, mulâtre, naquit aux Cayes vers 1783. Son père était blanc. Sa mère, négresse, sœur de L'Ouverture, fut emmenée, par le sort de l'esclavage, du Nord dans le Sud de la colonie ; elle y devint libre et même propriétaire longtemps avant la révolution. Quand L'Ouverture vint prendre possession de la ville des Cayes, que Rigaud fut obligé de lui abandonner, il attacha le jeune Chancy à son état-major et le fit bientôt parvenir au grade de chef d'escadron. L'Ouverture avait la plus grande confiance dans son dévoûment. Aussi l'envoya-t-il de aint-Marc le 20 pluviôse (9 février) près du chef de brigade Dommage, commandant de l'arrondissement de Jérémie. La mission était périlleuse. L'Ouverture, dans sa dépêche, traitait Dommage de général de brigade, pour mieux exalter son courage. Il lui annonçait la chute du Cap et du Port-au-Prince. Il l'invitait à une résistance désespérée. Chancy fut arrêté dans les hauteurs du Petit-Goave, cherchant à gagner Jérémie et conduit au Port-au-Prince.

[2] Chancy, dont on redoutait sans doute le courage entreprenant et l'utilité dont il pouvait être à L'Ouverture dans ces graves occurrences,

Mais deux jours après, je reçus une lettre par une ordonnance pressée, qui m'annonçait qu'il avait fait part de mes intentions au général Leclerc et m'assurait que celui-ci était prêt à entrer en arrangement avec moi, et que je pouvais compter sur les bonnes intentions du gouvernement à mon égard.

Le même jour, le général Christophe me communiqua une lettre qu'il venait de recevoir du citoyen Vilton [1], demeurant à la Petite-Anse et une autre du général Hardy, lui demandant tous deux une entrevue. Je permis tout au général Christophe, en lui recommandant d'être très-circonspect. Le général Christophe ne se rendit pas à l'entrevue indiquée par le général Hardy, car il reçut une lettre du général Leclerc qui lui proposait un autre rendez-vous [2]. Il m'envoya copie de cette lettre et de sa réponse et me demanda la permission de se rendre dans l'endroit qu'on lui indiquait, ce je que lui permis et il y fut.

Le général Christophe, à son retour, me rapporta une lettre du général Leclerc, qui me disait que ce serait pour lui une belle journée, s'il pouvait m'engager à me concerter avec lui et à me soumettre aux ordres de la République. Je répondis sur-le-champ que j'avais toujours été soumis au gouvernement français, puisque j'avais constamment porté les armes pour lui; que si, dès les principes, on s'était

reçut ordre du général Boudet de ne plus sortir du Port-au-Prince. C'est de cette ville qu'il fut embarqué sur le vaisseau l'*Aigle* et envoyé en France après l'arrestation de son oncle.

[1] Vilton, mulâtre, commandait la place de la Petite-Anse. Christophe le fit mourir à l'époque de sa royauté; si on ne sait pour quel motif, on sait néanmoins qu'il n'en fallait pas à ce chef pour accomplir aucun crime.

[2] Cette entrevue eut lieu au Haut-du-Cap le 6 floréal (26 avril 1802), Christophe y fit sa soumission au général Leclerc.

comporté avec moi comme on devait le faire, il n'y eût pas eu un seul coup de fusil de tiré; que la paix n'eût pas même été troublée dans l'île, et que l'intention du gouvernement eût été remplie. Je témoignais enfin tant au général Leclerc qu'à Christophe tout mon mécontentement de ce que celui-ci s'était rendu sans ordre de ma part [1].

Le lendemain, je dépêchai au général Leclerc mon adjudant-général Fontaine, porteur d'une seconde lettre, par laquelle je lui demandais une entrevue à l'habitation d'Héricourt, ce à quoi il se refusa. Cependant Fontaine m'assura qu'il avait été très-bien reçu. Je ne me rebutai point. Je lui dépêchai pour la troisième fois mon aide-de-camp Couppé [2] et mon secrétaire Nathand, pour lui assurer que

---

[1] On voit que la position de prisonnier et de justiciable où se trouve réduit L'Ouverture l'empêche de donner un libre cours à son indignation. Christophe vient de porter à sa fortune le coup le plus mortel, en se rendant aux Français avec douze cents hommes des 1re, 2e, 3e et 5e demi-brigades, et en leur livrant plus de cent pièces d'artillerie qui se trouvaient dans divers dépôts que L'Ouverture avait dans les mornes. *Lettre du général Leclerc au ministre, du 18 floréal (8 mai 1802).* « La soumis-
» sion de Christophe, continue cette lettre, acheva de consterner Tous-
» saint... Il m'écrivit que des circonstances très-malheureuses avaient
» déjà causé bien des maux, mais que quelle que fût la force de l'armée
» française, il serait toujours assez fort et assez puissant pour brûler,
» ravager et vendre chèrement une vie qui avait été quelquefois utile à la
» mère-patrie. »

[2] Couppé, après la soumission de son général, descendit dans le Sud. Ce n'est qu'au moment où Alexandre Pétion commença la guerre de l'Indépendance que nous le voyons se diriger comme obscurément vers le Port-au-Prince. Là, il fut arrêté avec le capitaine Boyer (Jean-Pierre), depuis président d'Haïti; tous deux furent embarqués pour le Cap sur la frégate la *Surveillante* et dans la rade de cette ville transférés sur le vaisseau amiral le *Duguay-Trouin*, où ils rencontrèrent le général Maurepas. Couppé fut noyé la même nuit que ce dernier. Le capitaine Jean-Pierre Boyer fut témoin de ce drame affreux et ne dut lui-même son salut qu'à un miracle de la Providence. Déjà Maurepas est précipité dans la chaloupe qui doit aller le jeter au loin dans les flots, — pieds et mains liés; déjà on vient chercher Boyer; mais il avait monté sur le pont au moment où on prenait l'infortuné Maurepas, et s'était dirigé vers la poulaine. Couppé, le pauvre Couppé est pris à sa place et noyé hors son tour. Le lendemain, le général français Boyé, qui avait servi au Port-au-

j'étais prêt à lui rendre le commandement conformément aux intentions du gouvernement du premier consul. Il me fit répondre qu'une heure de conversation ferait plus que dix lettres, en me donnant sa parole d'honneur qu'il agirait avec toute la franchise et la loyauté qu'on pouvait attendre d'un général français. On m'apporta en même temps une proclamation de sa part [1] qui invitait tous les citoyens à regarder comme nul et non-avenu l'article de celle du 28 pluviôse, qui me mettait hors la loi. « Ne craignez
» pas, disait-il dans cette proclamation, vous et les géné-
» raux sous vos ordres, et les habitants qui sont avec vous,
» que je recherche personne sur sa conduite passée; je
» tirerai le voile de l'oubli sur les événements qui ont eu
» lieu à Saint-Domingue. J'imite en cela l'exemple que le
» premier consul a donné à la France le 18 brumaire. Je
» ne veux voir dans l'île à l'avenir que des bons citoyens.
» Vous demandez le repos; quand on a commandé comme
» vous et supporté aussi longtemps le fardeau du gouver-
» nement, le repos vous est dû. Mais j'espère que dans
» votre retraite, vous me communiquerez vos lumières,
» dans vos moments de loisir, pour la prospérité de Saint-
» Domingue [2]. »

Prince sous le proconsulat de Sonthonax, prit le capitaine Boyer sous sa protection, bien qu'ils ne fussent pas parents.

[1] *Arrêté du 11 floréal an X (1ᵉʳ mai 1802)* :

« Le général en chef ordonne :

» Les dispositions de l'article 1ᵉʳ de l'arrêté du 28 pluviôse dernier,
» qui mettent le général Toussaint-L'Ouverture hors la loi, sont rappor-
» tées ; en conséquence il est ordonné à tous les citoyens et militaires de
» regarder comme nul et de nul effet cet article. » (Signé) LECLERC.

[2] Ces paroles que nous venons de lire sont des fragments de la lettre que le général Leclerc écrivit à L'Ouverture et qui fut imprimée en tête

D'après cette proclamation et la parole d'honneur du général, je me rendis au Cap [1]. Je fis au général Leclerc ma soumission conformément à l'intention du premier consul; je lui parlai ensuite avec toute la franchise et la cordialité d'un militaire qui aime et estime son camarade. Il me promit l'oubli du passé et la protection du gouvernement français. Il convint avec moi que nous avions tous deux nos torts. « Vous pouvez, général, me dit-il, vous retirer chez vous en toute sûreté. Mais dites-moi si le général Dessalines obéira à mes ordres, et si je peux compter sur lui. » Je lui répondis qu'oui, que le général Dessalines peut avoir des défauts comme tout homme, mais qu'il connaît la subordination militaire. Je lui observai cependant que pour le bien public et pour rétablir les cultivateurs dans leurs travaux, comme à son arrivée dans l'île, il était nécessaire que le général Dessalines fût rappelé à son commandement à Saint-Marc et le général Charles Belair [2], à l'Arcahaye, ce qu'il me promit. A onze heures du soir, je pris congé de lui et me retirai chez d'Héricourt, où je passai la nuit avec le général Fressinet [3], et partis le lendemain matin pour la Marmelade.

---

de l'arrêté du 11 floréal. L'Ouverture ne les transcrivit sans doute que de mémoire, car elles ne sont point conformes à l'édition qu'en a donnée Pamphile de Lacroix, dans sa *Révolution de Saint-Domingue*.

[1] Le 13 floréal (3 mai 1802).

[2] Belair (Charles), jeune et beau noir, était neveu de L'Ouverture, qui l'enrôla dès le commencement de la révolution. D'abord aide de camp de son oncle, il passa ensuite dans la ligne et devint chef de la 7e demi-brigade, puis général de brigade, commandant à l'Arcahaye. On dit qu'il était un des hommes noirs les plus instruits de son temps.

[3] Le général Fressinet avait déjà servi dans la colonie pendant la guerre contre les Anglais. C'est alors qu'il s'était lié d'amitié avec L'Ouverture.

Le surlendemain, je reçus une lettre du général Leclerc qui m'invitait à lui renvoyer mes gardes à pied et à cheval [1]. Il m'adressait aussi un ordre pour le général Dessalines ; j'en pris connaissance et le fis passer au général Dessalines, en l'engageant à s'y conformer. Et pour remplir d'autant mieux les promesses que j'avais faites au général Leclerc, j'invitai le général Dessalines à se rencontrer avec moi à moitié du chemin de traverse de son habitation à la mienne [2]. Je le persuadai de se soumettre, — ainsi que moi ; je lui dis que l'intérêt public exigeait que je fisse de grands sacrifices, que je voulais les faire bien ; mais que pour lui, il conserverait son commandement. J'en dis autant au général Charles, ainsi qu'à tous les officiers qui étaient avec eux ; je vins à bout de les persuader, malgré toute la répugnance, les regrets qu'ils témoignèrent de me quitter et de se séparer de moi. Ils versèrent même des larmes. Après cette entrevue, chacun se rendit à sa demeure respective [3].

L'adjudant-général Perrin, que le général Leclerc avait

[1] L'Ouverture passa la revue de cette garde le 15 floréal (5 mai) ; il la félicite de son dévoûment à sa personne et à la liberté ; il embrassa au milieu de l'émotion générale les principaux officiers et les engagea à être fidèles au nouvel ordre de choses. — La garde à pied, commandée par Magny, se rendit le 19 floréal (9 mai) à Plaisance ; la garde à cheval, commandée par Morisset et Monpoint, se rendirent au Cap. Le dégoût s'empara des soldats ; beaucoup demandèrent leur congé. Ceux qui restèrent au service formèrent le corps des *Guides du Nord* dont Magny eut le commandement.

[2] Dessalines avait fixé son séjour à l'habitation Georges, près des Gonaïves, qu'il tenait comme fermier de l'État.

[3] Dessalines et Belair réunirent les débris des 3e, 4e, 7e et 8e demi-brigades. Ils entrèrent à Saint-Marc le 22 floréal (12 mai 1802), se soumettant ainsi à l'autorité de la France.

envoyé à Dessalines pour lui porter ses ordres, le trouva très-bien disposé à les remplir, puisque je l'y avais engagé précédemment par mon entrevue.

Comme on l'a vu, on avait promis de placer le général Charles à l'Arcahaye ; cependant on ne l'a pas fait [1].

Il était inutile que j'eusse ordonné aux habitants du Dondon, de Saint-Michel, de Saint-Raphaël et de la Marmelade de rentrer sur leurs habitations, puisqu'ils l'avaient fait dès que je m'étais emparé de ces communes. Je leur avais enjoint seulement de reprendre leurs travaux accoutumés. J'avais ordonné à ceux de Plaisance et des endroits circonvoisins de rentrer chez eux et de reprendre également leurs travaux. Ils me témoignèrent les craintes qu'ils avaient qu'on les inquiétât. J'écrivis en conséquence au général Leclerc, pour lui rappeler ses promesses et le prier de tenir la main à leur exécution. Il me fit réponse que ses ordres étaient déjà donnés à ce sujet. Cependant celui qui commandait la place [2] avait divisé sa troupe et envoyé des détachements dans toutes les habitations, ce qui avait

---

[1] Charles Belair fut néanmoins employé plus tard à la surveillance des cultures dans les dépendances de l'Arcahaye. Dévoué à son oncle, il prit les armes après son arrestation ; mais appelé à une conférence par Dessalines, qui alors servait la France avec un zèle plein de férocité, il fut traîtreusement arrêté le 19 fructidor (5 septembre 1802) sur l'habitation Tussac, aux environs de Plassac et conduit au Cap, où jugé et condamné avec sa femme, la dame Sanite, il fut fusillé le 13 vendémiaire (5 octobre), tandis que Sanite était pendue. Le courage avec lequel Mme Belair marcha à la potence étonna même ses bourreaux. Quant au jeune général, en allant sur la place de son exécution, il ne put s'empêcher de maudire la conduite de Dessalines, en versant d'abondantes larmes.

[2] Le commandant de la place d'Ennery était le chef de bataillon Pesquidons, de la *légion de Saint-Domingue*.

effrayé les cultivateurs et les avait forcés de fuir dans les montagnes,

Je m'étais retiré à Ennery [1] et en avais donné connaissance au général Leclerc, comme je le lui avais promis. En arrivant dans ce bourg, j'avais trouvé un grand nombre de cultivateurs des Gonaïves ; je les avais engagés à retourner sur leurs habitations.

Avant mon départ de la Marmelade, j'avais donné ordre au commandant de cette place [2] d'en remettre l'artillerie et les munitions au commandant de Plaisance, conformément aux intentions du général Leclerc. Depuis j'avais également donné l'ordre au commandant d'Ennery de rendre la seule pièce d'artillerie qui y était, ainsi que les munitions, au commandant des Gonaïves.

Je ne m'occupai alors qu'à rétablir mes habitations [3], qui avaient été incendiées. Je faisais faire; dans une habitation de la montagne [4] qui avait échappé aux flammes, un logement commode pour mon épouse, car elle était encore dans les bois, où elle avait été obligée de se réfugier [5].

Pendant que j'étais occupé à ces travaux, j'appris qu'il

---

[1] Le 19 floréal (9 mai), après le départ de la garde pour Plaisance.
[2] Le chef de brigade Désir Laurent, noir.
[3] L'Ouverture avait dans le quartier d'Ennery quatre habitations caféyères, qu'il avait achetées soit du gouvernement, soit de particuliers. Celle de Descahaux, située dans les mornes, où il vint d'abord fixer sa résidence, après sa soumission; c'est là qu'Isaac se tenait ; celle de Sencey où demeuraient Mme L'Ouverture et les autres membres de sa famille ; celle de Rouffelier et celle de Beaumont. Cette dernière habitation confine au village d'Ennery.
[4] L'habitation Descahaux.
[5] Mme L'Ouverture et sa famille, à l'exception de Placide, étaient restées pendant toute la tourmente sur l'habitation Vincindière, dans les Cahos.

était arrivé cinq cents hommes de troupes [1], pour loger à Ennery, petit bourg qui, jusqu'alors, n'avait pas pu contenir plus de cinquante gendarmes pour la police ; qu'on avait également envoyé un très-gros détachement à Saint-Michel. Je me transportai de suite au bourg ; je vis que toutes mes habitations avaient été pillées et qu'on avait enlevé jusqu'aux coffres de mes cultivateurs. A l'instant même où je portais mes plaintes au commandant [2], je lui fis apercevoir des soldats qui étaient chargés de fruits de toute espèce ; ces fruits n'étaient pas même mûrs. Je lui fis aussi voir des cultivateurs qui, voyant ces pillages, se sauvaient dans d'autres habitations de la montagne.

Je rendis compte au général Leclerc de ce qui se passait ; je lui observais que les mesures qu'on prenait, loin d'inspirer la confiance, ne faisaient qu'augmenter la méfiance ; que le nombre de troupes qu'il avait envoyées était trop considérable et ne pouvait que nuire à la culture et aux habitants. Je remontai ensuite dans mon habitation de la montagne.

Le lendemain, je reçus dans cette habitation la visite du commandant d'Ennery, et je m'aperçus fort bien que ce militaire, loin de me rendre une visite d'honnêteté, n'était venu chez moi que pour reconnaître ma demeure et les avenues, afin d'avoir plus de facilité de s'emparer de moi, lorsqu'on lui en donnerait l'ordre. Pendant que je causais avec lui, on vint m'avertir que plusieurs soldats s'étaient rendus avec des chevaux et autres bêtes de charge dans une de mes habitations, près du bourg, où restait une de

---

[1] La 31ᵉ demi-brigade légère.
[2] Pesquidons.

mes filleules, et qu'ils enlevaient les cafés et autres denrées qu'ils y avaient trouvées. Je lui en fis mes plaintes. Il me promit de réprimer ces brigandages et de punir sévèrement ceux qui s'en rendaient coupables.

Craignant que ma demeure dans la montagne n'inspirât de la méfiance, je me déterminai à venir dans cette même habitation qui venait d'être pillée, et qui avait été presque totalement détruite, tout près du bourg, qui n'en est éloigné que de deux cents pas [1]. Je laissai ma femme dans l'appartement que je lui avais fait préparer.

Je ne m'occupais plus qu'à faire de nouvelles plantations pour remplacer celles qu'on m'avait détruites et à faire préparer les matériaux nécessaires pour la reconstruction de mes bâtiments. Mais tous les jours, je n'éprouvais que de nouveaux pillages et de nouvelles vexations. Les soldats qui se portaient chez moi étaient en si grand nombre, que je n'osais pas même les faire arrêter. En vain je portais mes plaintes au commandant, je n'en recevais aucune satisfaction. Je me déterminai enfin, quoique le général Leclerc ne m'eût pas fait l'honneur de répondre aux deux premières lettres que je lui avais écrites à ce sujet, à lui en écrire une troisième, que je lui envoyai au Cap par un de mes fils, Placide, pour plus de sûreté. Je ne reçus pas plus de réponse à celle-ci qu'aux précédentes. Seulement le chef de l'état-major [2] me fit dire qu'il ferait son rapport.

Quelque temps après, le commandant étant venu de nouveau me voir un après-midi, il me trouva, à la tête de mes cultivateurs, occupé à conduire mes travaux de reconstruc-

---

[1] L'habitation Beaumont.
[2] Le général Dugua, qui mourut de la fièvre jaune dans la colonie.

tion... Il fut témoin lui-même que mon fils Isaac repoussait plusieurs soldats qui venaient jusqu'à la porte de mon habitation couper des bananes et des figues-bananes. Je lui réitérai les plaintes les plus graves. Il me promit encore qu'il empêcherait ces désordres.

Pendant trois semaines que je restai dans cette habitation, chaque jour j'étais témoin de nouveaux pillages; chaque jour je recevais des visites de personnes qui venaient m'espionner; mais elles furent toutes témoins que je ne m'occupais uniquement que de travaux domestiques. Le général Brunet lui-même vint et me trouva dans les mêmes occupations. Malgré ma conduite, je reçus une lettre du général Leclerc qui, au lieu de me donner satisfaction sur les plaintes que je lui avais portées, m'accusait d'avoir gardé des hommes armés dans les environs d'Ennery, et m'ordonnait de les renvoyer. Persuadé de mon innocence, et que sûrement des gens malintentionnés l'avaient trompé, je lui répondis que j'avais trop d'honneur pour ne pas tenir les promesses que je lui avais faites, et qu'en lui rendant le commandement, je ne l'avais pas fait sans avoir bien réfléchi; qu'aussi mon intention n'était point de chercher à le reprendre. Je lui assurais au surplus que je ne connaissais point d'hommes armés dans les environs d'Ennery, et que depuis trois semaines j'étais constamment resté dans mon habitation à y faire travailler. Je lui envoyai mon fils Isaac pour lui rendre compte de toutes les vexations que j'essuyais, et le prévenir que s'il n'y mettait pas fin, je serais obligé d'abandonner le lieu où je demeurais, pour me retirer dans ma hatte sur la partie espagnole.

Un jour, avant de recevoir aucune réponse du général

Leclerc, je fus instruit qu'un de ses aides-de-camp, passant par Ennery, avait dit au commandant qu'il était porteur d'ordre pour me faire arrêter, adressé au général Brunet. Le général Leclerc m'ayant donné sa parole d'honneur et promis la protection du gouvernement français, je refusai d'ajouter foi à ce propos ; je dis même à la personne qui me conseillait de quitter mon habitation, que j'avais promis d'y rester tranquillement et de travailler à réparer les dégâts qui y avaient été commis ; que je n'avais point cédé le commandement et renvoyé mes troupes pour faire des sottises ; que je ne voulais pas sortir de chez moi ; que si l'on venait pour m'arrêter, l'on m'y trouverait ; que d'ailleurs je ne voulais point prêter matière à la calomnie [1].

Le lendemain je reçus une seconde lettre du général Leclerc par mon fils que je lui avais envoyé, conçue en ces termes :

ARMÉE DE SAINT-DOMINGUE.

« Au quartier-général du Cap-Français, le 16 prairial an X de la République [2].

« *Le général en chef au général Toussaint.*

« Puisque vous persistez, citoyen général, à penser que
» le grand nombre de troupes qui se trouve à Plaisance
» (il est à remarquer que c'est sans doute par erreur que
» le secrétaire a écrit Plaisance, et qu'il doit y avoir
» Ennery) [3] effraie les cultivateurs de cette paroisse, je

---

[1] On rapporte que les généraux Vernet et Paul L'Ouverture avaient aussi annoncé à L'Ouverture le malheur qui le menaçait ; mais qu'il ne voulut point ajouter foi à leurs avertissements.

[2] 5 juin 1802.

[3] Cette parenthèse appartient à L'Ouverture lui-même.

» charge le général Brunet de se concerter avec vous pour
» le placement d'une partie de ces troupes en arrière des
» Gonaïves et d'un détachement à Plaisance. Prévenez bien
» les cultivateurs que cette mesure une fois prise, je ferai
» punir ceux qui abandonneraient leurs habitations pour
» aller dans la montagne. Faites-moi connaître, aussitôt
» que cette mesure sera exécutée, les résultats qu'elle aura
» produits, parce que si les moyens de persuasion que vous
» emploierez ne réussissent pas, j'emploierai les moyens
» militaires. Je vous salue. »

Le même jour je reçus une autre lettre du général Brunet dont suit un extrait :

ARMÉE DE SAINT-DOMINGUE.

« Au quartier-général de l'habitation Georges [1], le 18 prairial an X de » la République [2].

« Brunet, général de division, au général de division Toussaint-l'Ouverture.

» Voici le moment, citoyen général, de faire connaître
» d'une manière incontestable au général en chef que ceux
» qui peuvent le tromper sur votre bonne foi, sont de mal-
» heureux calomniateurs et que vos sentiments ne tendent
» qu'à ramener l'ordre et la tranquillité dans le quartier
» que vous habitez. Il faut me seconder pour assurer la libre

---

[1] C'est la même habitation que Dessalines avait eue à ferme.
[2] 7 juin 1802.

» communication de la route du Cap qui depuis hier ne
» l'est pas, puisque trois personnes ont été égorgées par
» une cinquantaine de brigands entre Ennery et la Coupe-
» à-Pintade. Envoyez auprès de ces hommes sanguinaires
» des hommes dignes de votre confiance, que vous paierez
» bien ; je vous tiendrai compte de votre déboursé.

» Nous avons, mon cher général, des arrangements à
» prendre ensemble qu'il est impossible de traiter par
» lettres, mais qu'une conférence d'une heure terminerait ;
» si je n'étais pas excédé de travail, de tracas minutieux,
» j'aurais été aujourd'hui le porteur de ma réponse ; mais
» ne pouvant ces jours-ci sortir, faites-le vous même ; si vous
» êtes rétabli de votre indisposition, que ce soit demain ;
» quand il s'agit de faire le bien, on ne doit jamais retarder.
» Vous ne trouverez pas dans mon habitation champêtre
» tous les agréments que j'eusse désiré réunir pour vous
» y recevoir ; mais vous y trouverez la franchise d'un
» galant homme qui ne fait d'autres vœux que pour la
» prospérité de la colonie et votre bonheur personnel.

» Si madame Toussaint, dont je désire infiniment faire
» la connaissance, voulait être du voyage, je serai content.
» Si elle a besoin de chevaux, je lui enverrai les miens.

» Je vous le répète, général, jamais vous ne trouverez
» d'ami plus sincère que moi. De la confiance dans le
» capitaine-général, de l'amitié pour tout ce qui lui est
» subordonné et vous jouirez de la tranquillité.

» Je vous salue cordialement.

(Signé) BRUNET. »

« P. S. Votre domestique qui va au Port-au-Prince a
» passé ici ce matin ; il est parti avec sa passe en règle. »

Ce même domestique porteur de cette passe en règle était au contraire arrêté ; c'est lui qui est dans les prisons avec moi [1].

Après ces deux lettres, quoique indisposé, je me rendis aux sollicitations de mes fils et d'autres personnes, et partis pendant la nuit même pour voir le général Brunet, accompagné de deux officiers seulement [2]. A huit heures du soir, j'arrivai chez ce général. Quand il m'eut introduit dans sa chambre, je lui dis que j'avais reçu sa lettre, ainsi que celle du général en chef, qui m'invitait à me concerter avec lui et que je venais pour cet objet; que je n'avais pas pu emmener mon épouse, suivant ses désirs, parce qu'elle ne sortait jamais, ne voyant aucune société et ne s'occupant uniquement que de ses affaires domestiques ; que si, lorsqu'il serait en tournée, il voulait bien lui faire l'honneur de la visiter, elle le recevrait avec plaisir. Je lui observai qu'étant malade, je ne pouvais pas rester longtemps avec

---

[1] Ce domestique s'appelait Mars Plaisir ; c'était un mulâtre du Port-au-Prince. La fidélité qu'il conserva à L'Ouverture jusque dans ses malheurs fait l'éloge de sa mémoire. Il ne tarda pas à être arraché au service de son maître et conduit enchaîné de brigade en brigade jusqu'à Nantes, où il fut mis en prison. Ce fut là le coup le plus douloureux pour L'Ouverture. Dès lors il fut complétement séquestré. Il ne recevait, et encore que rarement, la visite du commandant du château, le chef de bataillon Baille (Louis-Henri), et du secrétaire, M. Jeannin. Martial Besse, qui était aussi renfermé dans le fort depuis plusieurs mois, André Rigaud, qu'on venait d'y envoyer, essayèrent vainement d'apporter à cette grande infortune quelque peu de consolation. La cause de tant de rigueur provint sans doute des nouvelles désastreuses que le gouvernement recevait de Saint-Domingue.

Mars Plaisir demanda à être jugé; alors il fut mis en liberté et retourna plus tard dans son pays où il mourut.

[2] Les chefs d'escadron César et Placide L'Ouverture.

lui, que je le priais en conséquence de terminer le plus tôt possible nos affaires, afin de pouvoir m'en retourner. Je lui communiquai la lettre du général Leclerc. Après en avoir pris lecture, il me dit qu'il n'avait encore reçu aucun ordre de se concerter avec moi sur l'objet de cette lettre; il me fit ensuite des excuses sur ce qu'il était obligé de sortir un instant; il sortit en effet, après avoir appelé un officier pour me tenir compagnie.

A peine était-il sorti, qu'un aide-de-camp [1] du général Leclerc entra accompagné d'un très-grand nombre de grenadiers, qui m'environnèrent, s'emparèrent de moi, me garrottèrent comme un criminel et me conduisirent à bord de la frégate la *Créole* [2]. Je réclamai la parole du général Brunet et les promesses qu'il m'avait faites, mais inutilement; je ne le revis plus. Il s'était probablement caché pour se soustraire aux reproches bien mérités que je pouvais lui faire [3]. J'appris depuis qu'il s'était rendu coupable des

---

[1] Le chef d'escadron Ferrari.

[2] L'Ouverture fut embarqué à minuit; il avait séjourné presque un mois complet à Ennery, depuis sa soumission au général Leclerc.

[3] Brunet (Jean-Baptiste), naquit à Reims, le 22 août 1765; les soldats français eux-mêmes le surnommèrent le *Gendarme*, à cause de l'arrestation du *Premier des Noirs*. Cette arrestation ne fut pas son seul acte d'héroïsme. Il prépara, avec la coopération de Dessalines, celle du général Maurepas. Le lecteur ne sera pas fâché de connaître le jugement que le général Brunet portait sur le complice de ses expéditions; il écrivait dans une lettre du troisième jour complémentaire an X (20 septembre 1810), datée du Gros-Morne et adressée au général Leclerc : « Ne croyez pas, mon général, que j'aie dans Dessalines une confiance
» aveugle; je sens que vous avez besoin de lui et que si vous n'aviez
» pas un homme de sa trempe et de son caractère, il faudrait en cher-
» cher ou en former un, afin de tout terminer dans la colonie. Voilà
» mon opinion sur son compte. — Il a mis en moi toute sa confiance et
» son appui près de vous. Je lui ferai tout faire; il a beaucoup d'amour-

plus grandes vexations envers ma famille ; qu'aussitôt mon arrestation, il avait ordonné à un détachement de se porter sur l'habitation où je demeurais avec une grande partie de ma famille, pour la plupart femmes, enfants ou cultivateurs, qu'il avait ordonné de faire feu dessus, ce qui avait forcé ces malheureuses victimes à fuir à demi nues dans les bois ; que tout avait été pillé et saccagé ; que l'aide-de-camp [1] du général Brunet avait même enlevé de chez moi cent dix portugaises qui m'appartenaient et soixante-onze [2] qui appartenaient à une de mes nièces, avec tout mon linge et celui de mes gens.

Ces horreurs commises dans ma demeure, le commandant d'Ennery se porta à la tête de cent hommes sur l'habitation où étaient ma femme et mes nièces, les arrêta sans leur donner même le temps de prendre du linge, ni aucun de

» propre ; il aime son pays ; il veut la liberté ou ce qu'il croit être la
» liberté de sa couleur ; le mot *esclavage* le révolterait immanquablement.
» J'approuve tout ce qu'il me propose. Mais je sais lui faire faire ce
» que je veux, surtout quand il est avec moi ; si vous pouvez vous passer
» de lui huit jours, je le ferai venir près de moi ; je lui démontrerai la
» perfidie de Maurepas ; il en sera convaincu et me proposera lui même
» de l'arrêter et de vous l'envoyer pour le faire juger ; alors il se lie
» lui-même plus fortement au but de notre campagne, et il devient de
» plus en plus la terreur des traîtres et un épouvantail plus efficace pour
» les cultivateurs. »

Le général Brunet gouverna en dernier lieu la ville des Cayes ; il l'évacua devant le général Geffard. Il fut un des généraux qui signèrent la capitulation de Paris en 1814. Il mourut à Paris, le 21 septembre 1824.

[1] Cet aide-de-camp s'appelait Grand-Seigne ; il était chef d'escadron.

[2] La *portugaise* est une demi-once d'or ; elle vaut huit gourdes ; la gourde vaut cinq francs dix centimes. Or, les cent quatre-vingt-une portugaises nous représentent près de sept mille trois cent quatre-vingt-cinq francs. C'était là toute la fortune du *Premier des Noirs*, quoiqu'on ait prétendu qu'il avait enfoui des sommes innumérables.

leurs effets, ni aucun des miens qui étaient en leur pouvoir. On les conduisit comme des coupables aux Gonaives et de là à bord de la frégate la *Guerrière*[1].

Lorsque je fus arrêté, je n'avais d'autres vêtements que ceux que je portais sur moi. J'écrivis à mon épouse pour la prier de m'envoyer les choses dont j'avais le plus pressant besoin au Cap, où j'espérais qu'on allait me conduire. Ce billet avait été remis à l'aide-de-camp du général Leclerc avec prière de le faire passer ; mais il ne parvint pas à sa destination, et je ne reçus rien.

Dès que je fus à bord de la frégate la *Créole*, on mit à la voile et on me conduisit à quatre lieues du Cap, où se trouvait le vaisseau le *Héros*[2] à bord duquel on me fit monter. Le lendemain mon épouse, ainsi que mes enfants qui avaient été arrêtés avec elle, y arriva aussi. On mit de suite à la voile pour France[3]. Après une traversée de trente-deux jours[4], pendant laquelle j'essuyai non-seulement les plus grandes fatigues, mais même des désagréments tels qu'il est impossible de se l'imaginer, à moins d'en avoir été

---

[1] C'est la même frégate qui devait porter au Cap le général Maurepas.

[2] Le *Héros* était commandé par le chef de division Savary. « En me » renversant, dit le *Premier des Noirs* au capitaine Savary, en montant » à son bord, on n'a abattu à Saint-Domingue que le tronc de l'arbre de » liberté des noirs ; il repoussera, parce que les racines en sont pro- » fondes et nombreuses. » Pamphile de Lacroix. *Révolution de Saint-Domingue.*

[3] Le *Héros* mit à la voile dans la nuit du 26 au 27 prairial (15 au 16 juin 1802).

[4] Le *Héros* entra à Brest le 23 messidor (12 juillet) après une traversée de vingt-sept jours. L'Ouverture, en supputant trente-deux jours, se trouve en désaccord avec le *Moniteur* et avec son fils, M. Isaac. Voyez les *Mémoires* si intéressants publiés à la suite de l'*Histoire de l'expédition des Français à Saint-Domingue*, par Antoine Métral.

témoin ; pendant laquelle encore ma femme même et mes enfants ont éprouvé un traitement que le sexe et le rang auraient dû leur rendre meilleur, au lieu de nous faire descendre pour nous procurer des soulagements, on nous garda encore à bord pendant soixante-sept jours [1].

Après un pareil traitement, ne puis-je pas à juste titre demander où sont les effets des promesses qui me furent faites par le général Leclerc sur sa parole d'honneur, ainsi que la protection du gouvernement français ?

Si l'on n'avait plus besoin de mes services et qu'on avait voulu me remplacer, n'eût-on pas du agir avec moi comme on agit dans tous les temps à l'égard des généraux blancs français ? On les prévient avant que de les dessaisir de leur autorité ; on envoie une personne chargée de leur intimer l'ordre de remettre le commandement à tel ou tel ; et dans le cas où ils refusent d'obéir, on prend alors de grandes mesures contre eux ; on peut alors avec justice les traiter de rebelles et les embarquer pour France.

J'ai vu même quelquefois des officiers généraux criminels pour avoir manqué à leurs devoirs ; mais en considération du caractère dont ils étaient revêtus, on les ménageait, on les respectait jusqu'à ce qu'ils fussent devant l'autorité supérieure.

Le général Leclerc n'aurait-il pas dû m'envoyer chercher et me prévenir lui-même qu'on lui avait fait des rapports contre moi sur tel ou tel objet, vrai ou non [2] ? N'aurait-il pas

---

[1] L'Ouverture se trompe encore ici ; il ne resta que trente-trois jours en rade de Brest ; car, suivant la lettre du préfet maritime au ministre de la marine, il fut débarqué à Landerneau, le 25 thermidor (13 août 1802).

[2] Beaucoup de rapports furent, en effet, dirigés contre L'Ouverture

dû me dire : « Je vous avais donné ma parole et promis la
» protection du gouvernement; aujourd'hui, puisque vous
» vous êtes rendu coupable, je vais vous envoyer auprès de
» ce gouvernement, pour rendre compte de votre conduite. »
Ou bien : « Le gouvernement vous ordonne de vous rendre
» auprès de lui, je vous transmets cet ordre. » Mais point
du tout : il a au contraire agi envers moi avec des moyens
qu'on n'a jamais employés même à l'égard des plus grands
criminels. Sans-doute je dois ce traitement à ma couleur ;
mais ma couleur... ma couleur m'a-t-elle empêché de servir
ma patrie avec zèle et fidélité ? La couleur de mon corps
nuit-elle à mon honneur et à ma bravoure ?

A supposer même que je fusse criminel et qu'il y eût des
ordres du gouvernement pour me faire arrêter, était-il
besoin d'employer cent carabiniers pour arrêter ma femme
et mes enfants sur leurs propriétés, sans respect et sans
égard pour le sexe, l'âge et le rang; sans humanité et
sans charité ? Fallait-il faire feu sur mes habitations, sur
ma famille, et faire piller et saccager toutes mes propriétés ? Non. Ma femme, mes enfants, ma famille ne sont
chargés d'aucune responsabilité. Ils n'avaient aucun compte
à rendre au gouvernement ; on n'avait pas même le droit
de les faire arrêter.

Le général Leclerc doit être franc : avait-il craint d'avoir
un rival ? Je le compare au sénat romain, qui poursuivit
Annibal jusqu'au fond de sa retraite.

A l'arrivée de l'escadre dans la colonie, on a profité de
mon absence pour s'emparer d'une partie de ma corres-

---

par ses anciens lieutenants Clerveaux, Christophe et Dessalines. Ce dernier fut le plus acharné à la perte du *Premier des Noirs*. *Mémoires* d'Isaac L'Ouverture.

pondance qui était au Port-Républicain; une autre partie, qui était dans une de mes habitations, a été également saisie après mon arrestation. Pourquoi ne m'a-t-on pas envoyé avec cette correspondance pour rendre compte de mes opérations? On a donc saisi tous mes papiers pour m'imputer des fautes que je n'ai pas commises; mais je n'ai rien à redouter ; cette correspondance suffit pour ma justification. On m'a envoyé en France nu comme un ver; on a saisi mes propriétés et mes papiers; on a répandu les calomnies les plus atroces sur mon compte. N'est-ce pas couper les jambes à quelqu'un et lui ordonner de marcher? N'est.ce pas lui couper la langue et lui dire de parler? N'est-ce pas enterrer un homme tout vivant?

Au sujet de la Constitution, pour laquelle on a voulu m'accuser, après avoir chassé de la colonie les ennemis de la République, calmé les factions et réuni tous les partis; après la prise de possession de Santo-Domingo, voyant que le gouvernement n'envoyait ni lois ni arrêtés concernant la colonie, sentant l'urgence d'établir la police pour la sûreté et la tranquillité de chaque individu, je fis une invitation à toutes les communes d'envoyer des députés pour former une assemblée centrale composée d'hommes sages et éclairés, et leur confier le soin de ce travail [1]. Cette assemblée formée, je fis connaître à ses membres qu'ils avaient une tâche pénible et honorable à remplir,

---

[1] L'assemblée centrale était composée de six députés : MM. Borgella, ancien maire du Port-au-Prince, père du général mulâtre du même nom, Lacour, André Collet, Gaston Nogéré, Jean Monceybo, François Morillas, Charles Roxas, André Mugnoz, Etienne Viart et Julien Raymond. Ce dernier seul était mulâtre, les autres blancs. Ce fut Borgella qui présida l'assemblée. La Constitution fut publiée le 14 messidor an IX (3 juillet 1801).

qu'ils devaient faire des lois propres au pays, avantageuses au gouvernement, utiles aux intérêts de tous; des lois basées sur les localités, le caractère et les mœurs des habitants de la colonie [1]. La Constitution devait être soumise à la sanction du gouvernement, qui seul avait le droit de l'adopter ou de la rejeter. Aussi, dès que les bases de cette Constitution furent établies et les lois organiques rendues, je m'empressai d'envoyer le tout au gouvernement, par un membre de l'assemblée, pour obtenir sa sanction. On ne peut donc m'imputer à crime les erreurs ou les fautes que cette Constitution pouvait contenir. Jusqu'à l'arrivée du général Leclerc, je n'avais reçu aucune nouvelle du gouvernement sur cet objet [2]. Pourquoi aujourd'hui veut-on me faire un crime de ce qui ne peut pas en être un? Pourquoi veut-on que la vérité soit le mensonge et le mensonge la vérité? Pourquoi veut-on que les ténèbres soient la lumière et la lumière les ténèbres [3]?

[1] L'Ouverture se fit nommer par la Constitution gouverneur à vie de la colonie, avec le droit d'élire son successeur et de nommer à toutes les charges. C'était là proclamer de fait l'Indépendance de Saint-Domingue. La métropole, loin de sanctionner l'usurpation de ses droits, résolut l'expédition de l'an X. « Toussaint savait bien, dit Napoléon dans ses *Mé-*
» *moires* [*], qu'en proclamant sa constitution, il avait jeté le masque et
» tiré l'épée du fourreau pour toujours. »

[2] Extrait de la lettre du premier consul du 27 brumaire an X (18 novembre 1801), déjà citée : « La constitution que vous avez faite, en
» renfermant beaucoup de bonnes choses, en contient qui sont contraires
» à la dignité et à la souveraineté du peuple français, dont Saint-Do-
» mingue ne forme qu'une portion. »

[3] Ces paroles revenaient souvent à la bouche de L'Ouverture; il aimait encore à dire : « Il ne faut pas que le mal passe pour le bien et
» le bien pour le mal; il ne faut pas que ce qui est doux soit amer et que

[*] *Mémoires de Napoléon*, vol. 4, p. 267

Dans une conversation que j'eus au Cap avec le général Leclerc, il me dit qu'étant à Samana [1], à la tête de l'île, il avait envoyé un espion à Santo-Domingo, pour savoir si j'y étais; que cet espion lui avait rapporté qu'effectivement j'étais dans cette ville. Pourquoi ne vint-il pas m'y trouver pour me transmettre les ordres du premier consul, avant de commencer les hostilités? Il eût vu l'empressement que j'aurais mis à y souscrire. Il profita au contraire de mon séjour à Santo-Domingo pour se rendre au Cap et envoyer des détachements sur tous les points de la colonie. Cette conduite prouve qu'il n'avait l'intention de rien me communiquer.

Si le général Leclerc est allé dans la colonie pour faire du mal, on ne doit pas me l'imputer. Il est vrai qu'on ne peut s'en prendre qu'à un de nous deux ; mais, pour peu qu'on veuille me rendre justice, on verra que c'est lui seul qui est l'auteur de tous les maux que l'île a essuyés, puisque, sans me prévenir, il est entré dans la colonie, qu'il a trouvée intacte; qu'il est tombé sur les habitants qui travaillaient, et sur tous ceux qui avaient contribué à la conservation de la colonie, en versant leur sang pour la mère-patrie. Voilà précisément la source du mal.

Si deux enfants se battent ensemble, leur père ou leur mère ne doit-il pas les en empêcher, s'informer quel est l'agresseur, le punir ou les punir tous deux, en cas qu'ils aient tous deux tort? De même le général Leclerc n'avait pas le droit de me faire arrêter. Le gouvernement

» ce qui est amer soit doux. » Il appelait cette façon de s'exprimer *parler nègre*.

[1] C'est à ce cap que l'escadre française se rallia pour la dernière fois.

seul pouvait nous faire arrêter tous les deux, nous entendre et nous juger. Cependant le général Leclerc jouit de la liberté, et moi je suis dans le fond d'un cachot!...

Après avoir rendu compte de ma conduite depuis l'arrivée de l'escadre à Saint-Domingue, j'entrerai dans quelques détails sur celle que j'ai tenue avant le débarquement.

Depuis que je suis au service de la République [1], je n'ai jamais reçu un sol d'appointements; le général Laveaux, les agents du gouvernement, toutes les personnes comptables qui avaient l'inspection de la caisse publique peuvent me rendre cette justice, que personne n'a été plus délicat, plus désintéressé que moi. J'ai seulement reçu quelquefois le traitement de table qui m'était accordé; encore, très-souvent je ne l'ai pas demandé. Si j'ai donné l'ordre de prendre quelques sommes à la caisse, c'était toujours pour le bien public; l'ordonnateur les faisait passer où le bien du service l'exigeait. J'ai connaissance qu'une fois seulement, étant éloigné de chez moi, j'ai emprunté six mille livres du citoyen Smith, qui était ordonnateur du département du Sud.

Voici en deux mots ma conduite et les résultats de mon administration : à l'évacuation des Anglais, il n'y avait pas un sol au trésor public ; on était obligé de faire des emprunts pour payer les troupes et les salariés de la

---

[1] L'Ouverture qui, comme tous les esclaves insurgés du Nord, avait passé au service du gouvernement espagnol, alors en guerre avec la France, fit à la Marmelade, le 15 prairial an II (4 mai 1794), sa soumission au général Laveaux, gouverneur de Saint-Domingue. Il fut fait par ce gouverneur chef de brigade, commandant aux Gonaïves et dépendances.

République. A l'arrivée du général Leclerc, il a trouvé trois millions cinq cent mille livres en caisse [1]. Quand je rentrai aux Cayes, après le départ du général Rigaud [2], la caisse était vide; le général Leclerc y a trouvé trois millions; il en a trouvé de même et à proportion dans toutes les autres caisses particulières de l'île. Ainsi on voit que je n'ai pas servi ma patrie pour l'intérêt; mais qu'au contraire, je l'ai servie avec honneur, fidélité et probité, dans l'espoir de recevoir un jour des témoignages flatteurs de la reconnaissance du gouvernement; toutes les personnes qui m'ont connu me rendront cette justice.

J'ai été esclave, j'ose l'avouer; mais je n'ai jamais essuyé même des reproches de la part de mes maîtres [3].

[1] Rien que dans la caisse du Port-Républicain.

[2] Rigaud (André), mulâtre, naquit aux Cayes, le 17 janvier 1761. Il vit avec douleur et rage L'Ouverture se coaliser avec les Anglais et les colons contre la France républicaine; il prit les armes dans le Sud, le 29 prairial an VII (17 juin 1799); après une lutte mémorable, il fut contraint de s'embarquer pour France, le 10 thermidor an VIII (29 juillet 1800). Il revint avec l'expédition française; déporté, il ne reparut dans la colonie qu'en 1810. Rigaud était taillé pour les grandes choses; « son seul chagrin, disait-il souvent, c'était de ne pas être nègre. » Il aimait encore à répéter :

« Le premier qui fut roi fut un soldat heureux [*]. »

Cette réminiscence dénote quelle était l'étendue de son ambition. Il mourut aux Cayes, le 18 septembre 1811.

[3] Le maître de L'Ouverture était le comte de Breda, cousin du comte de Noé, qui avait aussi des habitations dans la Plaine-du-Nord; ce qui fit souvent croire que L'Ouverture appartenait à cette dernière famille.

Le comte de Breda, comme tous les grands planteurs, passa dans les contrées que les Anglais occupaient à Saint-Domingue; relégué à l'Arcahaye où commandait le traître mulâtre Lapointe (Jean-Baptiste), vieux, pauvre, chagrin, découragé surtout par la proclamation de la liberté

[*] Valentin de Cullion, *Notice* sur André Rigaud

Je n'ai jamais rien négligé à Saint-Domingue pour le bonheur de l'île ; j'ai pris sur mon repos pour y contribuer ; je lui ai tout sacrifié ; je me faisais un devoir et un plaisir de développer la prospérité de cette belle colonie. Zèle, activité, courage, j'ai tout employé.

L'île avait été envahie par les ennemis de la République ; je n'avais alors qu'une quarantaine de mille hommes armés de piques. Je les renvoyai à la culture et organisai quelques régiments, d'après l'autorisation du général Laveaux [1].

La partie espagnole s'était jointe aux Anglais pour faire

---

générale, il passa un jour un singulier marché avec Lapointe. Je tiens le fait d'honorables témoignages. Lapointe, qui ne croyait pas à la durée de la liberté générale, dit au comte, pour lui relever le moral : « Tenez, je vous achète votre vieux nègre. — Lequel, répond le vieux » comte, comme se réveillant en sursaut? — Votre coquin de Toussaint, » qui se dit *L'Ouverture;* je vous l'achète tout général qu'il est. » La vente de L'Ouverture fut effectivement passée en due forme, moyennant huit cents gourdes (environ quatre mille quatre-vingts francs).

Lapointe évacua la colonie avec les Anglais ; il ne revint au Port-au-Prince que vers 1811. Le capitaine La Ruine Leroux, dont il avait fait fusiller un frère à l'Arcahaye et dont on se rappelle, au Port-au-Prince, la violence du caractère, jura de le mettre à mort sur le rivage, s'il osait y débarquer. Lapointe, convaincu que l'exécution eût suivi la menace, était depuis huit jours confiné à son bord. Mais Pétion, alors président de la République, bien qu'il professât contre Lapointe un juste et profond ressentiment à cause du grand mal qu'il avait fait à la cause de la liberté, ordonna, avec sa grandeur d'âme ordinaire, que Lapointe descendît à terre, en faisant venir au gouvernement La Ruine et en l'avertissant que s'il avait l'audace de toucher à Lapointe, il le ferait passer par les armes sans jugement. Pétion refusa de voir Lapointe, qui se glissa jusqu'aux Cayes où il vécut et mourut dans l'ignominie.

[1] Comme il y avait au Cap les 1er, 2e et 3e régiments, L'Ouverture organisa aux Gonaïves, au Dondon, à la Marmelade, etc., le 4e régiment, dont Dessalines eut le commandement ; le 5e, Moyse ; le 6e, Clerveaux ; le 7e, Desrouleaux ; le 8e, Blanc-Cazenave.

la guerre aux Français. Le général Desfourneaux fut envoyé pour attaquer Saint-Michel avec de la troupe de ligne bien disciplinée; il ne put prendre cette place. Le général Laveaux m'ordonna de l'attaquer, je l'emportai. Il est à remarquer que lors de l'attaque du général Desfourneaux, la place n'était pas fortifiée, et que lorsque je m'en emparai, elle était fortifiée et flanquée de bastions dans tous les coins. Je pris également Saint-Raphaël, Hinche, et en rendis compte au général Laveaux. Les Anglais étaient retranchés au Pont-de-l'Ester, je les en chassai. Ils étaient en possession de la Petite-Rivière; je n'avais pour toutes munitions qu'une caisse de cartouches qui était tombée dans l'eau en allant à l'attaque; cela ne me rebuta pas. J'emportai d'assaut cette place avant le jour avec mes dragons, et fis toute la garnison prisonnière. Je l'envoyai au général Laveaux. Je n'avais qu'une pièce de canon; j'en pris neuf à la Petite-Rivière. Au nombre des postes que je pris à la Petite-Rivière, j'attaquai et emportai d'assaut une fortification défendue par sept pièces de canon. Je m'emparai également sur les Espagnols des camps retranchés de Mirault et de Dubourg aux Verrettes. Je livrai et gagnai aux Anglais une fameuse bataille qui dura depuis six heures du matin jusqu'à la nuit. Cette bataille fut si sanglante que les chemins étaient couverts de morts, et qu'on voyait de toutes parts des ruisseaux de sang. Je m'emparai de tous les bagages et munitions de l'ennemi; je fis un grand nombre de prisonniers. J'envoyai le tout au général Laveaux, en lui rendant compte de l'action [1]. Tous les postes des Anglais

---

[1] Cette sanglante action eut lieu le 9 fructidor an III (26 août 1795),

sur les hauteurs de Saint-Marc furent repris par moi ; les fortifications en mur dans les montagnes du Fond-Baptiste et des *Délices*, le camp de Drouet dans la montagne des Matheux, que les Anglais regardaient comme imprenable, les citadelles du Mirebalais, appelé le Gilbraltar de l'île, occupées par onze cents hommes, le fameux camp de l'Acul-du-Saut, les fortifications à trois étages en maçonnerie du *Trou-d'Eau*, celles du camp de Décayette et du *Beau-Bien*, en un mot toutes les fortifications que les Anglais avaient dans cette partie ne purent me résister, non plus que celles de Neybe, de Saint-Jean de la Maguâna, de Las-Mathas, de Banique et autres lieux occupés par les Espagnols ; tout fut remis par moi au pouvoir de la République [1]. Aussi, je courus les plus grands dangers ; je faillis plusieurs fois être fait prisonnier ; je versai mon sang pour ma patrie ; je reçus une balle dans la hanche droite, que j'ai encore dans le corps ; je reçus une contusion violente à la tête, occasionnée par un boulet de canon ; elle m'ébranla tellement la mâchoire que la plus grande partie de mes dents tomba et que celles qui me restent sont encore très-vacillantes [2]. Enfin je reçus dans différentes occasions

---

suivant le rapport de L'Ouverture au général Laveaux ; elle se passa depuis la sortie du bourg des Verrettes jusqu'à l'habitation Moreau, sur la route de Saint-Marc. Le colonel Dessources, qui commandait pour les Anglais, y perdit quatre pièces de canon, tous les bagages et ses blessés ; lui-même il fut obligé d'abandonner son cheval et de se jeter à travers les bois. Desrouleaux, Dessalines, Valery, Clerveaux se firent particulièrement remarquer dans cette mémorable journée.

[1] Voyez pour les détails de la plupart de ces combats, *Vie de Toussaint-L'Ouverture*, par Saint-Rémy. Paris, 1850, chez Moquet, rue de La Harpe, 90.

[2] C'est donc à cette terrible contusion que L'Ouverture reçut pendant une de ses nombreuses tentatives contre Saint-Marc, qu'il devait la perte de ses dents. Cependant on a voulu faire remonter cette perte de dents à une époque antérieure à la révolution, et en faire dériver le surnom de

dix-sept blessures dont il me reste encore les cicatrices honorables. Le général Laveaux fut témoin de plusieurs de mes actions. Il est trop juste pour ne pas me rendre justice : il dira si jamais j'hésitai à sacrifier ma vie, lorsqu'il s'agissait de procurer quelque bien-être à mon pays et quelque triomphe à la République.

Si je voulais compter tous les services que j'ai rendus dans tous les genres au gouvernement, il me faudrait plusieurs volumes ; encore n'en finirais-je ? Et pour me récompenser de tous ces services, on m'a arrêté arbitrairement à Saint-Domingue ; on m'a garrotté et conduit à bord comme un criminel, sans égard pour mon rang, sans aucun ménagement ? Est-ce la là récompense due à mes travaux ? Ma conduite me faisait-elle attendre un pareil traitement ?

J'avais de la fortune depuis longtemps ; la révolution m'a trouvé avec environ six cent quarante-huit mille francs [1]. Je les ai épuisés en servant ma patrie. J'avais seulement acheté une petite propriété pour y établir mon épouse et sa famille. Aujourd'hui, malgré mon désintéressement, on cherche à me couvrir d'opprobre et d'infamie ; on me rend le plus malheureux des hommes, en me privant de la liberté, en me séparant de ce que j'ai de plus cher au monde, d'un père respectable âgé de cent cinq ans, qui a besoin de mes

---

L'Ouverture, comme significatif du grand vide qui existait entre ses maxillaires.

[1] Ici il faut interpréter : L'Ouverture parle sans doute de la révolution du 10 août où Louis XVI fut arrêté et non point de l'époque de 89 ; je pense ainsi, parce que j'ai remarqué que dans beaucoup de ses lettres, il ne manque jamais d'ajouter au mot de révolution, ceux-ci : *du 10 août*. En effet, à cette époque seulement, il pouvait avoir une fortune si considérable, bien qu'il fût déjà riche de ses économies, alors qu'il était esclave.

secours, d'une femme adorée qui sans doute ne pourra pas supporter les maux dont elle sera accablée, loin de moi, et d'une famille chérie qui faisait le bonheur de ma vie.

En arrivant en France, j'ai écrit au premier consul et au ministre de la marine, pour leur rendre compte de ma position et leur demander des secours pour ma famille et moi. Sans doute, ils ont senti la justice de ma demande, et ordonné qu'on m'accordât ce que je demandais. Mais au lieu d'exécuter leurs ordres, on m'a envoyé de vieux haillons de soldats, déjà à moitié pourris, et des souliers de même. Avais-je besoin que l'on ajoutât cette humiliation à mon malheur?

En descendant du vaisseau, on m'a fait monter en voiture [1]. J'espérais alors qu'on m'aurait traduit devant un tribunal pour y rendre compte de ma conduite, et y être jugé. Mais loin de là; on m'a conduit, sans me donner un instant de repos, dans un fort sur les frontières de la République, où l'on m'a enfermé dans un affreux cachot [2].

C'est du fond de cette triste prison, que j'ai recours à la justice et à la magnanimité du premier consul; il est trop généreux et trop bon général pour laisser un ancien militaire, couvert de blessures au service de sa patrie, sans lui donner même la satisfaction de se justifier, et de faire prononcer sur son sort.

Je demande donc à être traduit devant un tribunal ou

---

[1] L'Ouverture n'était accompagné que de son seul domestique, Mars-Plaisir.

[2] Au château de Joux, près de Besançon, dans la Franche-Comté, L'Ouverture arriva à Besançon dans la nuit du 4 au 5 fructidor (22 au 23 août 1802), escorté par quatre hommes du 2ᵉ chasseurs, non compris l'escorte intérieure de sa voiture. Il passa la journée dans les prisons de Besançon. Le 5, à deux heures du matin, il fut dirigé au château de Joux qui devait être son tombeau. *Rapport* du général Mesnard.

conseil de guerre, où l'on fera paraître aussi le général Leclerc : et que l'on nous juge, après nous avoir entendus l'un et l'autre ; l'équité, la raison, la loi, tout m'assure qu'on ne peut me refuser cette justice.

En traversant la France, j'ai lu sur les papiers publics un article qui me concerne. On m'accuse dans cet article, d'être un rebelle et un traître ; et pour justifier cette accusation, on dit avoir intercepté une lettre, par laquelle j'engageais les cultivateurs de Saint-Domingue à se soulever [1].

[1] La lettre était adressée à l'adjudant-général Fontaine, alors au Cap ; en voici un extrait :

« Au quartier de L'Ouverture (Ennery), le 7 prairial an X (27 mai 1802).

» Le général Toussaint-L'Ouverture au citoyen Fontaine.

» On dit la santé du général Leclerc mauvaise, à la Tortue, ce dont il » faut avoir grand soin de m'instruire. » Puis L'Ouverture parle de farines qu'il faudrait débarquer en sûreté ; il engage d'empêcher les cultivateurs de travailler, de voir à faire mettre en liberté un nommé D... qui était alors en prison au Cap. Le mot *farine* fut interprété par celui de *poudre*.

Cette lettre vraie ou fausse occasionna la mort de Fontaine ; il fut passé par les armes. « Un instant avant sa mort, cet officier fit, par écrit, ses » adieux à sa famille dans les termes les plus touchants. Cet écrit était » un chef-d'œuvre d'éloquence et de résignation [*]. »

Quant à l'initiale D, un écrivain national, M. Madiou, dans son *Histoire d'Haïti*, imprimée au Port-au-Prince, a voulu y découvrir le nom de Dommage, bien que ce dernier fût alors dans son commandement à Jérémie. Quoi qu'il en soit, disons ici que Jean-Baptiste Rousselot, a

[*] Pamphile de Lacroix, *Révolution de Saint-Domingue*.

Je n'ai jamais écrit de pareille lettre, et mets au défi qui que ce soit de la produire, de me citer à qui je l'ai adressée et de faire paraître cette personne. Au reste cette calomnie tombe d'elle-même ; si j'avais eu l'intention de prendre les armes, les aurais-je déposées, et aurais-je fait ma soumission ? Un homme raisonnable, encore moins un militaire, ne peut supposer une pareille absurdité.

ADDITION AUX PRÉSENTS MÉMOIRES [1].

Si le gouvernement avait envoyé un homme plus sage, il n'y aurait eu aucun mal, ni un seul coup de fusil de tiré [2].

Pourquoi la peur a-t-elle occasionné tant d'injustice de la part du général Leclerc? Pourquoi a-t-il manqué à sa parole? Pourquoi à l'arrivée de la frégate la *Guerrière,* qui conduisait mon épouse, ai-je vu plusieurs personnes qui avaient été arrêtées avec elle? Plusieurs de ces personnes

qui les soldats avaient donné le surnom de *Dommage,* parce que L'Ouverture le voyant blessé dans une action, s'était écrié : « *C'est dommage!* » Quoi qu'il en soit enfin, Dommage, arrêté à Jérémie, fut condamné au Cap à être pendu, malgré sa position militaire. Comme aucun des deux bourreaux du Cap ne voulut remplir ce funeste et inique office, il fut fusillé à la Fossette, le 12 brumaire an XI (4 novembre 1803), vingt-quatre heures après la mort de Leclerc. Son cadavre fut ensuite traîné par les soldats et accroché à la potence de la Place-Royale, où il resta exposé quarante-huit heures.

[1] Ce nouveau titre est textuel.
[2] La remise si tardive de la lettre du premier consul dont le général Leclerc était porteur et dont j'ai donné quelques fragments, « a plus
» influé qu'on ne pense, dit Pamphile de Lacroix, sur les détermina-
» tions de Toussaint-L'Ouverture, déterminations qui ont entraîné les
» destinées de Saint-Domingue. »

n'avaient jamais tiré un coup de fusil. C'étaient des innocents, des pères de familles, qu'on a arrachés des bras de leurs femmes et de leurs enfants. Toutes les personnes qui avaient versé leur sang pour conserver la colonie à la France, les officiers de mon état-major, mes secrétaires, n'ont jamais rien fait que par mes ordres ; tous ont donc été arrêtés sans motifs [1].

En me débarquant à Brest, mes enfants ont été envoyés à une destination à moi inconnue, et mon épouse dans une autre que j'ignore [2]. Que le gouvernement me rende plus

[1] Il y avait parmi ces personnes les chefs d'escadron Morisset, Monpoint, César, Néron ; elles furent dirigées en France sur la frégate le *Muiron*.

[2] Madame L'Ouverture, Isaac, Saint-Jean, mademoiselle Chancy qui devint plus tard madame Isaac, furent transférés de Brest à Bayonne le 14 fructidor an X (1er septembre 1802). Ils furent mis sous la surveillance du général de brigade Ducos, commandant de la dernière place. Ducos fut ému à la vue de tant de malheur. « Si j'étais plus fortuné, » écrivait ce digne et respectable soldat, au ministre de la marine, le » 17 fructidor (4 septembre 1802), je viendrais à leur secours. »
Placide, à qui on ne pardonnait pas sa coopération à ce qu'on appelait alors la *révolte* de son père, fut, le jour même où on débarqua L'Ouverture à Landerneau, dirigé sur le brick la *Naiade* à Belle-Ile-en-Mer. Chancy se trouvait à bord du vaisseau l'*Aigle* arrivé et mouillé près du *Héros* depuis plusieurs jours. Il avait ignoré jusque-là qu'il fût si près de sa famille. On le destinait aussi à être transporté à Belle-Ile ; mais l'amiral Gantheaume eut pitié de sa jeunesse ; il l'envoya à Toulon. Quoique surveillé à Toulon, Chancy, dont le caractère entreprenant se développait davantage à mesure que les difficultés augmentaient, conçut et exécuta le projet hardi de retourner à Saint-Domingue pour venger son oncle et défendre la liberté de ses frères. Il ne put y parvenir qu'après la guerre de l'Indépendance. Néanmoins, Pétion, alors général commandant le département de l'Ouest, l'attacha à son état-major, d'abord par rapport à l'infortune de sa famille, ensuite parce qu'il savait apprécier les hommes de cœur. Chancy eut trop malheureusement, dit-on, des rapports d'inti-

de justice : ma femme et mes enfants n'ont rien fait, et n'ont aucun compte à rendre ; ils doivent être renvoyés chez eux pour surveiller nos intérêts. C'est le général Leclerc qui a occasionné tout le mal ; cependant moi, je suis au fond d'un cachot sans pouvoir me justifier. Le gouvernement est trop juste, pour me tenir les bras liés, et me laisser ainsi frapper par le général Leclerc, sans m'entendre.

Tout le monde m'a dit, qu'ici le gouvernement était juste ; ne dois-je pas participer à sa justice et à ses bienfaits ?

Le général Leclerc dit dans sa lettre au ministre que j'ai vue dans la gazette, que j'attendais la maladie de ses

---

mité avec la princesse Célimène, fille de Dessalines, alors empereur. Le *Tartare*, ainsi que le général Vincent appelait Dessalines, le *Tartare* qui, pour son compte, outrageait tous les jours les bonnes mœurs, sans permettre aux pères, ni aux maris de se plaindre, se sentit blessé au cœur. Il ne voulut pas même entendre parler du mariage des deux jeunes gens. Une alliance, prétend-on, entre son sang et celui de L'Ouverture répugnait à son honneur ! A l'honneur de Dessalines qui fut le principal instrument des cruautés de L'Ouverture et qui souvent même n'attendit pas d'ordre pour commettre le mal! La mort de Chancy fut résolue. Emprisonné au Port-au-Prince, ce beau jeune homme, à l'âge de vingt-deux ans, se brûla la cervelle à la fin de 1805, se dérobant ainsi aux avanies et aux tortures par lesquelles il n'eût pas manqué de passer.

La fuite de Chancy avait attiré aux autres membres de la famille de L'Ouverture un surcroît d'afflictions ; sous prétexte qu'ils pouvaient tenter de s'évader, ils furent transférés de Bayonne à Agen. Là, Placide obtint de venir rejoindre sa mère. Saint-Jean, malgré son enfance, avait conçu un chagrin si vif des malheurs de sa famille, qu'il en mourut le 17 nivôse an XI (7 janvier 1803). Madame L'Ouverture eut l'héroïsme de vivre pour la consolation de ses autres enfants. Enfin, le 19 mai 1816, à l'âge de 74 ans, elle abandonna ce monde où elle avait joui de tant de triomphes et où aussi elle avait éprouvé tant de douleurs.

troupes pour lui faire la guerre, et reprendre le commandement[1]. C'est un mensonge atroce et abominable ; c'est une lâcheté de sa part. Bien que j'aie peu de connaissances, et que je n'aie pas reçu d'éducation, j'ai assez de bon sens, pour m'empêcher de lutter contre la volonté de mon gouvernement ; je n'y ai jamais pensé. Le gouvernement français est trop fort, trop puissant, pour que le général Leclerc le compare à moi, qui suis son subalterne : à la vérité, quand le général Leclerc a marché contre moi, j'ai dit plusieurs fois que je n'aurais pas attaqué, que je me serais défendu seulement, jusqu'au mois de juillet ou août ; qu'alors j'eusse commencé à mon tour. Mais depuis, je réfléchis sur les malheurs de la colonie et sur la lettre du premier consul ; je fis ma soumission.

Je le répète encore ; je demande que le général Leclerc et moi, nous comparaissions ensemble devant un tribunal, et que le gouvernement ordonne que l'on m'apporte toutes les pièces de ma correspondance ; par ce moyen, l'on verra mon innocence, et tout ce que j'ai fait pour la République, quoique je sache que plusieurs pièces seront interceptées.

Premier consul, père de tous les militaires, juge intègre, défenseur de l'innocence, prononcez donc sur mon sort ;

---

[1] Lettre du général Leclerc au ministre, du 22 prairial an X (11 juin 1802) : « S'il (L'Ouverture) s'était rendu, c'est que les généraux Christo-
» phe et Dessalines lui avaient signifié qu'ils voyaient bien qu'il les avait
» trompés et qu'ils étaient décidés à ne pas faire la guerre. Mais se voyant
» abandonné d'eux, il cherchait à organiser parmi les cultivateurs une
» insurrection pour les faire lever en masse. Les rapports qui me sont
» parvenus par tous les généraux, même de la part du général Dessa-
» lines, ne me laissent aucun doute à cet égard. »

mes plaies sont très profondes ; portez y le remède salutaire pour les empêcher de jamais s'ouvrir ; vous êtes médecin ; je compte entièrement sur votre justice et balance [1] !

[1] Toussaint L'Ouverture (François-Dominique), mourut au château de Joux, dans un cachot, le 7 floréal an XI (27 avril 1803), neuf mois et quinze jours après son arrivée en France, à l'âge de 60 ans moins un mois et sept jours. Malgré le haut rang qu'il avait occupé dans le monde nouveau, il fut enterré comme un obscur prisonnier au cimetière du village de Saint-Pierre, qui se trouve au pied du château. Aujourd'hui les ossements de L'Ouverture sont mêlés à ceux des plus humbles paysans, car il ne reste sur les lieux nul vestige de son inhumation, tant il est vrai que la mort confond tous les rêves de la grandeur humaine. Seulement, naguère encore, un vétéran, concierge du château, montrait au voyageur la casemate où le *Premier des Noirs* termina si tristement sa carrière, en disant : « *C'est ici que mourut le roi maure* [*]. »

[*] *Magasin Pittoresque*, année 1834, page 74.

APPENDICE.

Mort du chef de brigade DOMMAGE.

Le premier devoir de l'écrivain est de signaler les sources où il puise, afin qu'on en puisse constater la pureté. C'est donc à monsieur Dat, je l'avoue, que je dois la certitude du genre de supplice infligé au malheureux Dommage. Ce bon et digne vieillard blanc, qui habita longtemps Jérémie, me permet même d'extraire de ses *mémoires* inédits le récit si honorable pour lui des derniers et lamentables instants du valeureux lieutenant de L'Ouverture.

« Brocar m'écrit, dit monsieur Dat, que le commandant
» Dommage a été victime d'un guet-apens dressé par son
» secrétaire blanc (Savary), pour lui faire perdre son com-
» mandement qui a été donné au général Darbois, que
» Dommage a été enlevé à Jérémie et conduit au Cap, pour
» y être jugé comme traître et conspirateur, que Dommage
» n'a rien à se reprocher, que tout ce qu'on lui impute est

» faux, et n'a été inventé que pour lui faire perdre son
» commandement et le donner à un autre, que je dois tout
» faire pour sauver et protéger un brave homme, si toute-
» fois son existence est menacée, comme tout le fait présu-
» mer ! »

« Cette lettre me donne le frisson ; je vais sur-le-champ
» à la geôle ; en effet le commandant Dommage était au
» cachot et déjà condamné à être pendu, pour avoir été pris
» *les armes à la main.* Je demande à être introduit près
» de lui ; mais il était au secret le plus rigoureux ; le geô-
» lier me dit qu'il fallait une permission du capitaine-gé-
» néral pour le voir.

« L'ordonnateur en chef Daure, préfet colonial, se trou-
» vant le plus ancien des officiers généraux qui se trou-
» vaient au Cap après la mort de Leclerc, avait pris le com-
» mandement supérieur. Je fus le trouver en sortant de la
» geôle ; je m'aperçus qu'il ignorait encore l'affaire de
» Dommage ; je me bornai à lui demander une permission
» pour le voir ; il me la donna sans hésiter ; je retournai à
» la geôle. Dommage était étendu sur des planches, les
» jambes passées dans des organaux, qui tenaient à une
» barre de fer fixée par les deux bouts, l'un au mur, et
» l'autre à un poteau ; c'est ce qu'on appelle dans le pays,
» *barre de justice* [1]. »

« J'embrasse le malheureux Dommage ; il ne peut pas
» parler ; il pleure à chaudes larmes ; je ne puis que l'imi-

---

[1] La *barre de justice* est vulgairement connue sous les noms africains de *quibangou* ou *counanbangou.* Ce supplice, aussi inutile qu'affreux, est encore usité en Haïti ; l'humanité votera une couronne murale au prince impérial qui mettra le holà à l'emploi abusif et révoltant qu'en font souvent des officiers subalternes.

» ter. Nous restons plus de cinq minutes dans cette posi-
» tion pénible pour l'un et pour l'autre ; il semblait que
» nous attendions tous les deux assez de force pour par-
» ler. « Je savais que vous étiez au Cap, me dit Dommage ;
» mais je n'espérais pas vous voir avant de mourir ; je sais
» que je suis au secret le plus rigoureux ; par quel miracle
» êtes vous arrivé jusqu'à moi ? »

« Brocar m'écrit que vous n'avez rien à vous reprocher ;
» et que je fasse tout pour vous sauver du guet-apens qui
» vous a été tendu par votre infâme secrétaire, car vous
» n'avez pas été pris les armes à la main. »

— « Si j'avais été pris les armes à la main et en révolte,
» je ne sais pas si je serais ici ; j'aurais été fusillé sur-le-
» champ sur place, comme le prescrit l'ordre public du gé-
» néral en chef. Ma mort, d'ailleurs, fera plus de mal aux
» blancs qu'ils ne pensent, car il sera prouvé aux noirs et
» aux mulâtres que les Français ne savent pas même res-
» pecter leurs amis, pas même ceux qui les ont le mieux
» servis ; ma mort tragique leur enlèvera toute confiance de
» la part des hommes de couleur, qui verront clairement
» qu'ils ne doivent plus compter que sur le fer et le feu,
» pour éviter le retour de l'esclavage ! »

— « Mais, mon cher Dommage, vous me comptez donc
» pour rien dans cette occasion, puisque vous vous croyez
» déjà mort ? »

— « Je ne vous compte pas pour rien, puisque rien ne
» pourrait en ce moment me faire plus de plaisir que de
» vous embrasser. Mais si le citoyen Daure vous a donné
» la permission de me voir, c'est qu'il n'a pas encore été
» travaillé ; il le sera si vous voulez l'employer pour me
» sauver. Le général Leclerc seul aurait pu m'envoyer

» aux États-Unis pour tout concilier, et parce qu'il savait
» la vérité; mais il est mort. Je n'ai plus d'espoir, pas
» même dans vos démarches qui, j'en suis certain, ne se-
» ront pas ménagées, mais qui resteront sans succès. »

« Je laissai Dommage avec un sentiment indicible de
» douleurs diverses.

« En sortant, le geôlier blanc me dit : « Je plains bien
» ce pauvre Dommage qui, d'après ce qu'il m'a démontré,
» ne peut pas être coupable, et cependant, il va être
» pendu demain matin à sept heures; je viens de recevoir
» les ordres pour les préparatifs; mais les deux bourreaux
» noirs viennent de me déclarer positivement qu'ils ne
» mettront pas la main sur lui, qu'ils préfèrent mourir
» eux-mêmes. Il faudra bien, continue le geôlier, qu'on
» trouve un bourreau blanc; je voudrais bien qu'on n'en
» trouvât d'aucune couleur! »

« Cette nouvelle m'attère; je ne sais plus que faire, que
» devenir. Le geôlier me sert un petit verre d'eau-de-vie,
» que j'avale en tremblant de tous mes membres; je re-
» prends de la vigueur, je pars comme un éclair et j'arrive
» chez l'ordonnateur en chef, qui n'est pas chez lui.
» Désolé, je me couche en travers de la porte de son cabi-
» net, pour l'attendre et ne pas le manquer. Il arrive et
» me dit : « Que diable faites-vous dans cette position,
» êtes-vous fou ou malade? »

— « Je ne suis ni l'un ni l'autre, quoique bien affligé
» de ce qui se passe! Je sais positivement que le comman-
» dant Dommage n'a rien à se reprocher; je le tiens de
» mon associé Brocar, voilà sa lettre; cependant le geôlier
» me dit qu'il doit être pendu demain matin. »

— « Je vous proteste, Dat, que je ne savais pas ce que

» j'en sais maintenant par vous; je suis même très-étonné
» que le chef de l'état-major (Boyer) ne m'en ait rien dit;
» je le quitte à l'instant. »

— « Ceci s'accorde bien avec ce que m'a dit Dommage;
» vous n'avez pas encore été *travaillé* ; on veut attendre le
» dernier moment pour surprendre votre signature, sans
» vous donner le temps de vérifier l'affaire ! Vous savez
» que je connais Dommage, de manière à garantir toute sa
» conduite; je suis certain qu'il n'est pas coupable; mais
» quand on a intérêt à se défaire de lui, il faut le sauver;
» vous le pouvez, vous le devez; vous savez qu'il a sauvé la
» vie à plus de quatre mille blancs et décidé la soumission
» du général Laplume, ce qui vous a conservé le reste du
» département du Sud; un pareil dévoûment mérite toute
» votre attention, lorsqu'on veut le livrer à la potence. »

— « Je vais de suite me faire rendre compte de cette
» affaire et vous promets de faire tout ce qui sera de mon
» pouvoir pour éviter à Dommage cette fin tragique et
» déshonorante; je ne voudrais pas que cette exécution,
» juste ou injuste, eût lieu pendant le peu de jours que je
» dois commander en chef. »

« Je convins avec le citoyen Daure de revenir à dix
» heures du soir; à dix heures du soir, je ne manquai pas
» de me trouver chez le capitaine-général; je fus obligé
» de l'attendre jusqu'à minuit : « Tout est fini, me dit-il,
» Dommage sera embarqué pour les Etats-Unis. La déci-
» sion sera portée demain matin à ma signature; vous
» pouvez dormir tranquille. »

— « Pour faire une bonne action qui ne doit coûter que
» quatre lignes d'écriture, on n'attend pas jusqu'à demain.
» J'ai mauvais augure de ce délai inutile; donnez-moi un

» mot pour le geôlier, par lequel il lui sera défendu de
» livrer Dommage à qui que ce soit. »

— « Je vous ai déjà dit et je vous répète que tout est
» décidé; demain matin, vous serez satisfait; en vous don-
» nant le mot que vous me demandez, ce serait prouver à
» l'état-major que je n'ai eu aucune confiance en lui; ce
» serait mal débuter. »

— « Ce refus de votre part, quoique motivé, me démon-
» tre que Dommage m'a dit vrai; je le regarde déjà comme
» mort; vous ne ferez rien pour lui ni pour vous, quoique
» vous soyez autant et peut-être plus intéressé que lui à
» ne pas commencer votre généralat par une faiblesse ou
» une imprévoyance qui vous laissera de cuisants regrets
» pour le reste de vos jours!

» Cependant le lendemain à cinq heures du matin, je
» courus chez l'ordonnateur; on me dit qu'il est sorti: je
» n'en crus rien. A six heures, j'étais chez le chef d'état-
» major, il n'y était pas! Je cours chez le commandant de
» la place, il est en tournée! Je retourne chez le citoyen
» Daure, il n'y est pas rentré!!

» Pauvre Dommage, tu vas donc perdre la vie! Je vois
» que c'est un parti pris, comme si ta mort pouvait sauver
» la colonie. J'ai obtenu de toi, sans difficulté, la vie de
» plus de quatre mille blancs, et la conservation d'un riche
» département, et j'échoue près d'un blanc qui pouvait
» et devait même protéger ton existence pour son intérêt
» et celui de son gouvernement.

» Je dirige mes pas chancelants vers la Place-Royale où
» l'exécution doit avoir lieu; je vois la potence qui attend
» la victime; mais je ne puis en approcher; la force armée
» et la foule de curieux de toutes couleurs garnissent la

» place; plus de doute, plus d'espoir! Cependant j'entends
» qu'on se dit, qu'on se repète : « Malheureux Dom-
» mage, tes bourreaux ne sont pas ceux qui couchent à
» la geôle! »

» Je compris qu'on avait voulu devancer l'heure de l'exé-
» cution, mais que les bourreaux noirs qui couchaient à la
» geôle avaient refusé leur ministère et qu'aucun blanc
» n'avait voulu les remplacer; qu'en outre, Dommage n'é-
» tait pas encore arrivé sur la place. Je vais droit à la geôle
» qui est entourée de curieux; la troupe de ligne, quoiqu'en
» force imposante, reçoit un renfort considérable qui re-
» pousse le public et s'empare de tous les aboutissants de
» la geôle: bientôt la populace se porte vers le chemin qui
» conduit à la Fossette. Dommage y est conduit et fusillé
» en y arrivant! »

PROCLAMATION.

Toussaint-L'Ouverture, gouverneur de Saint-Domingue,

A tous les habitants de cette infortunée colonie.

« Citoyens, après avoir tombé sur tous les points de la
» colonie comme la foudre dans les tempêtes les plus vio-
» lentes tombant sur la cime de l'arbre le plus élevé, l'écrase
» en mille morceaux; après avoir attaqué tous les points
» de la colonie, passé au fil de l'épée la garnison du Fort-
» Liberté, quoique ceux qui commandaient cette ville,
» trompés par les plus lâches séductions, la lui eussent li-

» vrée; le général Leclerc, après avoir, par sa conduite
» folle et astucieuse, occasionné tous les maux qui acca-
» blent cette malheureuse colonie, m'a envoyé mes enfants
» porteurs de la lettre du premier consul Bonaparte, qui
» n'annonçait que des vues bienfaisantes; sans attendre le
» résultat de sa trop tardive démarche, il a lancé contre
» moi et contre les braves officiers, sous-officiers et soldats
» de l'armée de Saint-Domingue, sa proclamation du 28
» pluviôse, ci-annexée que je réfute par la présente. »

Leclerc.

« *Citoyens, je suis venu ici au nom du gouvernement*
» *français vous apporter la paix et le bonheur; je craignais*
» *de rencontrer des obstacles dans les vues ambitieuses des*
» *chefs, je ne me suis pas trompé.* »

Toussaint-L'Ouverture

« Citoyens, voyez la perfidie du général Leclerc; il est
» venu, dit-il, dans cette colonie pour y apporter la paix
» et le bonheur; avait-on besoin qu'il y apportât la paix et
» le bonheur qui y existaient longtemps avant son arri-
» vée? Si le général Leclerc était parti de France avec de
» bonnes intentions, il n'aurait pas cherché à sacrifier à son
» ambition particulière, non-seulement une colonie relevée
» de ses cendres, non-seulement les hommes de couleur et
» les noirs, mais encore les colons blancs, et qui sous la
» garde des lois et d'une bonne constitution jouissaient du
» bonheur de leurs propriétés qu'ils voyaient journellement
» se relever. S'il eût craint, comme il le dit, de rencontrer
» des obstacles de la part des chefs de cette colonie, il se
» fût adressé directement à moi, au lieu de chercher à ga-

» gner par les séductions les généraux, commandants et of-
» ficiers sous mes ordres, afin de me mettre dans mon tort ;
» s'il eût voulu enfin le bonheur de la colonie et de ceux
» qui l'habitent, il n'aurait pas forcé l'entrée des ports et
» déchargé sur différentes villes les batteries de ses vais-
» seaux. »

Leclerc.

« *Citoyens, les chefs qui annonçaient leur dévoûment à*
» *la France dans leurs proclamations, ne pensaient à rien*
» *moins qu'à être Français; ils voulaient Saint-Domingue*
» *pour eux; s'ils parlaient quelquefois de la France, c'est*
» *qu'ils ne se croyaient pas en état de la méconnaître ou-*
» *vertement.* »

Toussaint-L'Ouverture.

« Citoyens, oui sans doute les chefs de cette colonie
» étaient, comme ils l'annonçaient dans leur proclamation,
» dévoués à la France ; comme moi ils aimaient leur liberté,
» et toujours fiers de cette pensée, ils craignaient tout de
» la perfidie des agents du gouvernement français ; d'ail-
» leurs si je n'avais point aimé la France, je ne lui aurais
» pas conservé la colonie jusqu'à l'arrivée de mon calom-
» niateur ; je laisse à mes concitoyens le soin de réfuter
» cette calomnie. »

Leclerc.

« *Aujourd'hui leurs intentions perfides sont démasquées,*
» *Le général Toussaint m'avait envoyé ses enfants avec une*
» *lettre dans laquelle il m'assurait qu'il ne désirait rien*
» *que le bonheur de la colonie et qu'il était prêt à obéir*
» *aux ordres que je lui donnerais.* »

Toussaint.

« Seconde perfidie plus noire encore que la première;
» avais-je besoin d'attendre l'arrivée de ce général avec des
» forces pour démasquer mes intentions, si j'eusse voulu
» séparer cette colonie de la France, en mettant perfidie
» sur perfidie? Le général Leclerc dit que je lui ai renvoyé
» mes enfants, c'est une fausseté; c'est lui, au contraire,
» qui, après avoir occasionné l'incendie du Cap et de ses
» riches plaines, par sa conduite astucieuse, m'envoya
» mes enfants porteurs de la lettre du premier consul, sans
» me faire l'honneur de m'écrire. L'amour de mon pays,
» le bonheur de mes concitoyens me porta alors à renvoyer
» auprès de lui mes deux enfants porteurs d'une lettre de
» moi, par laquelle je le priais de me manifester les in-
» tentions du gouvernement français, auxquelles j'étais prêt
» à obéir, si elles devaient procurer à mes concitoyens la
» paix, le bonheur et la tranquillité que le général Leclerc
» leur avait fait perdre. Au lieu de me participer les ordres
» dont il était porteur, il s'est mis en marche avec son
» armée qui a porté sur son passage le ravage, la mort et
» la désolation. »

Leclerc.

« *Je lui ai ordonné de se rendre auprès de moi; je lui ai*
» *donné ma parole d'honneur de l'employer comme mon*
» *lieutenant-général; il n'a répondu à cet ordre que par*
» *des phrases, il cherche à gagner du temps.* »

Toussaint.

« Commandant de cette colonie pour la France, nommé

» chef de cette colonie par la Constitution qui n'avait été
» faite que sur le droit que donnait la Constitution française
» de l'an VIII aux habitants de cette colonie de se faire une
» constitution locale, si le général Leclerc eût voulu le bien,
» s'il eût agi comme un bon militaire, il m'aurait exhibé
» ses pouvoirs. Si j'eusse refusé d'obéir aux ordres du gou-
» vernement français, tout le tort aurait été de mon côté et
» il eût eu le droit de faire le mal, d'autant plus que je lui
» avais manifesté clairement dans ma lettre que la conduite
» folle et astucieuse qu'il avait tenue en arrivant dans cette
» colonie, m'ayant inspiré les plus grands soupçons sur la
» pureté de ses intentions, je ne me rendais pas auprès
» de lui, mais que j'étais décidé à faire tous les sacrifices
» possibles pour rendre à mes concitoyens la tranquillité
» qu'il leur avait ôtée; car enfin comment se fier à un
» homme qui amenait avec lui une armée nombreuse et des
» vaisseaux portant et débarquant des troupes sur tous les
» points de la colonie, sans en prévenir le premier chef?
» quelle confiance les habitants de cette colonie pouvaient-
» ils et peuvent-ils encore avoir dans les chefs qui comman-
» dent cette armée?

» Rochambeau, Kerverseau et Desfourneaux, n'ont-ils
» pas été dans le Nord, l'Ouest et le Sud, les tyrans les plus
» acharnés de la liberté des noirs et des hommes de cou-
» leur? Aux îles de vent, Rochambeau n'a-t-il pas été le
» destructeur des hommes de couleur et des noirs?
» n'a-t-il pas prédit, il y a cinq ans, qu'il fallait envoyer
» à Saint-Domingue des troupes pour désarmer les culti-
» vateurs? Au reste, si M. Leclerc se fût présenté comme il
» devait le faire, je lui aurais cédé les pouvoirs dont il
» est si jaloux, pouvoirs que je n'ai ambitionnés que pour

» faire le bonheur de mes concitoyens; non pas, comme il
» le dit, pour être son lieutenant-général, mais pour me
» retirer au sein de ma paisible famille, pourvu que j'eusse
» eu la gloire de voir employer honorablement les officiers
» de tous grades qui ont si vaillamment combattu sous mes
» ordres pour la cause sacrée de la liberté. En disant que je
» cherche à gagner du temps, lorsque tout ce temps était à
» moi et que je pouvais en profiter, le général Leclerc dé-
» masque la perfidie de ses intentions; il me prouve, ainsi
» qu'à mes concitoyens, qu'il n'est venu ici que pour réussir
» à ravager cette belle colonie qu'il a trouvée intacte. »

Leclerc.

« *J'ai ordre du gouvernement français de faire régner*
» *promptement la prospérité et l'abondance ici ; si je me*
» *laissais amuser par des détours astucieux et perfides, la*
» *colonie serait le théâtre d'une longue guerre civile.* »

Toussaint.

« Parce qu'il avait ordre du gouvernement français de
» faire régner ici l'abondance et la prospérité, le général
» Leclerc, au lieu de se faire convoyer par des bâtiments
» chargés de troupes, devait amener avec lui des bâtiments
» chargés de marchandises, qu'il aurait échangées pour les
» précieuses denrées de cette colonie, et non provoquer,
» comme il l'a fait par sa conduite astucieuse et perfide, la
» destruction de cette île; conduite bien différente des vues
» manifestées dans la lettre du premier consul, qu'il ne
» m'a fait parvenir qu'après les plus cruelles hostilités ; lui
» seul a usé de détour et de perfidie, parce qu'au lieu de
» s'adresser directement à moi, comme il le devait, il a

» employé le vil moyen de la séduction pour corrompre et
» gagner les officiers sous mes ordres. J'ai l'honneur de
» prédire au général Leclerc, et l'avenir le prouvera, que
» quand bien même il aurait sous ses ordres deux à trois
» cent mille hommes, il n'opérera que le ravage et la des-
» truction ; mais il ne rétablira jamais la colonie au degré
» de splendeur où je l'avais poussée ; et je suis persuadé
» d'avance qu'il n'y réussira pas ; le gouvernement fran-
» çais se verra contraint de le remplacer, parce que la con-
» duite qu'il a tenue, en abordant dans cette île, prouve à
» tous ceux qui l'habitent, qu'il ne peut que perpétuer le
» désordre qu'il vient d'y mettre. »

Leclerc.

« *J'entre en campagne, et je vais apprendre à ce rebelle*
» *la force du gouvernement français.* »

Toussaint.

« Si le général Leclerc eût lui seul entré en campagne,
» je ne le plaindrais pas ; mais je dois gémir sur le sort qui
» est réservé aux officiers et soldats sous ses ordres, venus
» d'Europe où ils avaient si bien combattu pour la liberté,
» et qu'il n'a amenés ici que pour opérer leur destruction ;
» je vois aussi avec regret qu'il les a trompés, ainsi que ceux
» de cette colonie qui avaient l'esprit faible. Malgré son en-
» trée en campagne et ses troupes nombreuses, le général
» Leclerc ne parviendra jamais au but qu'il a projeté ; il se
» trompe en disant qu'il va apprendre à ce rebelle la force
» du gouvernement français.

» Nous n'aurions pas conservé jusqu'aujourd'hui cette
» colonie à la France, si nous ne connaissions pas toute la

» force du gouvernement français ; et nous n'avons pas be-
» soin du général Leclerc pour nous l'apprendre. S'il eût
» voulu le bonheur de cette colonie, il eût substitué la
» justice et la modération à la force qu'il a employée; fort
» de la justice de ma cause, je vais repousser de tous mes
» moyens l'injustice et l'oppression; j'entre aussi en cam-
» pagne. »

LECLERC.

« *Dans ce moment il ne doit plus être aux yeux des bons*
» *Français qui habitent Saint-Domingue qu'un monstre qui*
» *a préféré la destruction de son pays au sacrifice du pou-*
» *voir.* »

TOUSSAINT.

« La conduite que j'ai tenue à Saint-Domingue est con-
» nue de tous mes concitoyens; ils sont convaincus de mon
» amour pour la liberté, parce que la majeure partie d'en-
» tre eux, comme moi était esclave, et que le petit nombre
» de ceux qu'on appelait libres était encore, comme le
» reste, sous le joug accablant du despotisme le plus ab-
» solu. Devant vouer au mépris le plus souverain les men-
» songes qui remplissent la proclamation du général Le-
» clerc, je laisse à mes concitoyens, aux amis de la liberté,
» le soin de la réfuter. »

LECLERC.

« *J'ai promis la liberté à tous les habitants de la colo-*
» *nie, je saurai leur en faire jouir.* »

TOUSSAINT.

« On ne peut pas donner à une personne ce dont elle a

» déjà la jouissance ; le général Leclerc ne peut donc don-
» ner aux habitants de la colonie une liberté qu'ils avaient
» déjà reçue de Dieu, qui leur avait été ravie par l'injus-
» tice de leurs tyrans, et qu'ils ont dû reconquérir et con-
» server au prix de leur sang ; ce paragraphe, par consé-
» quent, ne mérite pas plus de réponse que le précédent :
» la futilité de cette promesse démasque aux yeux les inten-
» tions perfides du général Leclerc, aussi clairement que
» s'il se présentait devant un miroir où il verrait et ferait
» voir sa figure, puisqu'il est dans l'impossibilité de tenir
» la promesse qu'il a faite. »

» En conséquence, et en vertu des pouvoirs qui me sont
» attribués par la Constitution de Saint-Domingue, et vu
» que le général Leclerc ne m'a pas encore exhibé les pou-
» voirs dont il est nanti,

» J'ordonne ce qui suit :

Toussaint.

« Article 1. Comme destructeurs de la colonie, les géné-
» raux Leclerc, Rochambeau, Kerverseau, et Desfourneaux,
» sont mis hors la loi ; j'ordonne à tous les citoyens de
» cette colonie, amis de leur liberté et de leurs droits, de
» leur courir sus, et de les arrêter morts ou vifs.

« Art. 2. Les autres généraux de l'armée française qui,
» ne connaissant pas la colonie, auront été pris les armes à
» la main, seront faits prisonniers de guerre, traités avec
» tout le respect dû à leur caractère, pour être renvoyés au
» gouvernement français. »

Leclerc.

« Art. 1. *Le général Toussaint et le général Christophe,*

» *sont mis hors la loi ; et il est ordonné à tous les citoyens*
» *de leur courir sus, et de les traiter comme rebelles à la*
» *République française.*

» Art. 2. *A dater du jour où l'armée française occupera*
» *un quartier, tous les officiers soit civils ou militaires,*
» *qui obéiront à d'autres ordres qu'à ceux des généraux de*
» *l'armée française que je commande, seront traités comme*
» *rebelles.*

» Art. 3. *Les cultivateurs induits en erreur, et qui*
» *trompés par les perfides insinuations des généraux re-*
» *belles auront été pris les armes à la main, seront traités*
» *comme des enfants égarés et renvoyés à la culture, si tou-*
» *tefois ils n'ont point cherché à exciter de soulèvement.* »

TOUSSAINT.

« Art. 3. Les officiers et soldats des troupes venues d'Eu-
» rope, et qui ont été trompés ou corrompus, seront aussi
» faits prisonniers ; tous ceux qui, parmi eux, reconnaissant
» leur erreur ou la trahison de leurs chefs, voudront se
» rendre auprès de moi ou des chefs sous mes ordres, se-
» ront traités comme bons Français et comme frères. »

LECLERC.

« Art. 4. *Les officiers et soldats des demi-brigades qui*
» *abandonneront l'armée de Toussaint feront partie de l'ar-*
» *mée française.* »

TOUSSAINT.

« Art. 4. A dater du jour de la promulgation de la présente
» proclamation, tous les officiers et soldats de l'armée de
» Saint-Domingue, et tous citoyens quelconques qui, aveu-

» glés par l'erreur ou la trahison, se seraient rangés sous
» les drapeaux de Leclerc, peuvent rentrer sans crainte au-
» près des généraux sous mes ordres, leur promettant de
» ne voir en eux que des frères que la faiblesse ou la bonne
» foi aura portés à méconnaître un instant la liberté. »

LECLERC.

« Art. 5. *Le général chef de l'état-major général fera*
» *publier et imprimer la présente publication.*

« *Au quartier-général du Cap, le* **28** *pluviôse an* **X** *de*
» *la République française (17 février 1801), (signé)*
» *Leclerc. Pour copie conforme, le général de division,*
» *chef de l'état-major général,* **Dugua.**

TOUSSAINT.

« Art. 5. La présente proclamation sera envoyée à tous
» les généraux et commmandants de l'armée sous mes or-
» dres, pour qu'ils prennent les mesures les plus convena-
» bles pour la répandre dans l'armée ennemie, dans tous
» les points de la colonie, afin de sauver, s'il est possible,
» une infinité d'innocents.

» Au quartier-général de la Petite-Rivière, le 10 ventôse,
» an X (1er mars 1802) de la République française. Le gou-
» verneur de Saint-Domingue, (signé) Toussaint-L'Ouver-
» ture. Pour copie conforme, le général de brigade, com-
» mandant l'arrondissement du Cap, Henri-Christophe. »

OPINIONS DE NAPOLÉON

sur les événements de Saint-Domingue.

« La situation prospère où se trouvait la République dans
» le courant de 1801, après la paix de Lunéville, faisait
» déjà prévoir le moment où l'Angleterre serait obligée de
» poser les armes, et où l'on serait maître d'adopter un
» parti définitif sur Saint-Domingue. Il s'en présenta alors
» deux aux méditations du premier consul : le premier de
» revêtir de l'autorité civile et militaire et du titre de gou-
» verneur-général de la colonie, le général Toussaint-L'Ou-
» verture ; de confier le commandement aux généraux
» noirs ; de consolider, de légaliser l'ordre de travail établi
» par Toussaint, qui déjà était couronné par d'heureux
» succès ; d'obliger les fermiers noirs à payer un cens ou
» redevance aux anciens propriétaires français ; de conser-
» ver à la métropole le commerce exclusif de toute la colo-
» nie, en faisant surveiller les côtes par de nombreuses
» croisières. Le dernier parti consistait à reconquérir la
» colonie par la force des armes, à rappeler en France tous
» les noirs qui avaient occupé des grades supérieurs à ce-
» lui de chef de bataillon, à désarmer les noirs, en leur as-
» surant la liberté civile et en restituant les propriétés aux
» colons. Ces projets avaient chacun des avantages et des
» inconvénients. Les avantages du premier étaient palpa-

» bles : la République aurait une armée de vingt-cinq à
» trente mille noirs, qui ferait trembler toute l'Amérique :
» ce serait un nouvel élément de puissance et qui ne lui
» coûtait aucun sacrifice, ni en hommes ni en argent. Les
» anciens propriétaires perdaient sans doute les trois quarts
» de leur fortune ; mais le commerce français n'y perdait
» rien, puisqu'il jouirait toujours du privilége exclusif. Le
« deuxième projet était plus avantageux aux propriétaires
» colons, il était plus conforme à la justice ; mais il exigeait
» une guerre qui entraînerait la perte de beaucoup d'hom-
» mes et d'argent ; les prétentions contraires des noirs, des
» hommes de couleur, des propriétaires blancs, seraient tou-
» jours un objet de discorde, d'embarras pour la métropole ;
» Saint-Domingue serait toujours sur un volcan : aussi le
» premier consul inclinait pour le premier parti, parce que
» c'était celui que paraissait lui conseiller la politique, ce-
» lui qui donnerait le plus d'influence à son pavillon dans
» l'Amérique. Que ne pouvait-il pas entreprendre avec
» une armée de vingt-cinq à trente mille noirs, sur la Ja-
» maïque, les Antilles, le Canada, sur les États-Unis même,
» sur les colonies espagnoles ? Pouvait-on mettre en com-
» pensation de si grands intérêts politiques avec quelques
» millions de plus ou de moins qui rentreraient en France.
» Mais un pareil projet avait besoin du concours des noirs ; il
» fallait qu'ils montrassent de la fidélité à la mère-patrie, et
» à la République, qui leur avait fait tant de bien. Les en-
» fants des chefs noirs, élevés en France dans les écoles co-
» loniales établies à cet effet, resserraient tous les jours d'a-
» vantage les liens de ces insulaires avec la métropole. Tels
» étaient l'état de Saint-Domingue et la politique adoptée
» par le gouvernement français à son égard, lorsque le co-

» lonel Vincent arriva à Paris. Il était porteur de la Consti-
» tution qu'avait adoptée de sa pleine autorité Toussaint-
» L'Ouverture, qui l'avait fait imprimer et mise à exécution
» et qu'il notifiait à la France. Non-seulement l'autorité,
» mais même l'honneur et la dignité de la République
» étaient outragés : de toutes les manières de proclamer
» son indépendance et d'arborer le drapeau de la rébellion,
» Toussaint-L'Ouverture avait choisi la plus outrageante,
» celle que la métropole pouvait le moins tolérer. De ce mo-
» ment, il n'y eut plus à délibérer ; les chefs des noirs furent
» des Africains ingrats et rebelles, avec lesquels il était im-
» possible d'établir un système. L'honneur, comme l'intérêt
» de la France, voulut qu'on les fît rentrer dans le néant.
» Ainsi la ruine de Toussaint-L'Ouverture, les malheurs
» qui pesaient sur les noirs, furent l'effet de cette démarche
» insensée, inspirée sans doute par les agents de l'Angle-
» terre, qui déjà avaient pressenti tout le mal qu'éprouverait
» sa puissance, si les noirs se contenaient dans la ligne de
» modération et de soumission, et s'attachaient à la mère-
» patrie. Il suffit, pour se faire une idée de l'indignation
» que dut éprouver le premier consul, de dire que Tous-
» saint non-seulement s'attribuait l'autorité sur la colonie
» pendant sa vie, mais qu'il s'investissait du droit de nom-
» mer son successeur, et voulait tenir son autorité, non de
» la métropole, mais de lui-même, et d'une soi-disant as-
» semblée coloniale qu'il avait créée. Comme Toussaint-
» L'Ouverture était le plus modéré des généraux noirs ; que
» Dessalines, Christophe et Clerveaux, etc, étaient plus exa-
» gérés, plus désaffectionnés et plus opposés encore à l'au-
» torité de la métropole, il n'y eut plus à délibérer : le pre-
» mier parti n'était plus praticable ; il fallut se résoudre à

» adopter le deuxième et à faire le sacrifice qu'il exigeait [1].

« Après la restauration, disait l'empereur, le gouverne-
» ment français y avait envoyé des émissaires et des propo-
» sitions qui avaient fait rire les nègres. Pour moi, ajoute-
» t-il, à mon retour de l'île d'Elbe, je me fusse accommodé
» avec eux; j'eusse reconnu leur indépendance; je me
» fusse contenté de quelques comptoirs, à la manière des
» côtes d'Afrique, et j'eusse tâché de les rallier à la mère-
» patrie, et d'établir avec eux un commerce de famille, ce
» qui, je pense, eût été facile à obtenir.
» J'ai à me reprocher une tentative sur cette colonie,
» lors du consulat; c'était une grande faute que de vouloir
» la soumettre par la force; je devais me contenter de la
» gouverner par l'intermédiaire de Toussaint. La paix
« n'était pas encore assez établie avec l'Angleterre. Les ri-
» chesses territoriales que j'eusse acquises, en la soumet-
» tant, n'auraient enrichi que nos ennemis. L'empereur
» avait d'autant plus à se reprocher cette faute, disait-il,
» qu'il l'avait vue et qu'elle était contre son inclination. Il
» n'avait fait que céder à l'opinion du conseil d'état et à celle
» de ses ministres, entraîné par les criailleries des colons,
» qui formaient à Paris un gros parti et qui de plus, ajou-
» taient-ils, étaient presque tous royalistes et vendus à la
» faction anglaise [2]. »

« Je parlai de Toussaint-L'Ouverture et je dis qu'en-
» tre autres calomnies débitées sur son compte par ses

[1] *Mémoires* de Napoléon, vol. 4, page 266.
[2] *Mémorial de Sainte-Hélène*, vol. 4, page 259.

» détracteurs, on avait répandu le bruit qu'il l'avait fait
» mettre à mort secrètement en prison. « Cela ne
» mérite pas de réponse, répondit Napoléon. Quelle
» pouvait-être la raison qui m'eût déterminé à faire
» mourir ce nègre après son arrivée en France? Et
» qu'aurais-je en vue en commettant ce crime? Mais l'une
» des plus grandes folies que j'ai faites et que je me repro-
» che, continue-t-il, a été d'envoyer une armée à Saint-
» Domingue. J'aurais dû voir qu'il était impossible de
» réussir dans le projet que j'avais conçu. J'ai commis
» une faute, et je suis coupable d'imprévoyance, de ne
» pas avoir reconnu l'indépendance de Saint-Domingue
» et le gouvernement des hommes de couleur ; de
» n'avoir pas envoyé des officiers français pour les secon-
» der avant la paix d'Amiens. Si je me fusse pris de cette
» manière, je vous aurais fait un tort incalculable. Je
» vous enlevais la Jamaique et le sort de vos autres
» colonies se trouvait compromis. L'indépendance de
» Saint-Domingue reconnue, je n'aurais pu y envoyer une
» armée pour combattre les noirs. Mais lorsque la paix
» fut signée, les anciens colons, les marchands et les
» spéculateurs m'écrasèrent de demandes de toute espèce.
» La nation elle-même désirait vivement recouvrer cette
» riche colonie, et je crus devoir céder à des vœux aussi
» ardemment exprimés. Si, au contraire, j'avais fait ma
» paix avec les Haïtiens, avant celle d'Amiens, j'aurais pu
» refuser de faire aucune démarche pour reprendre Saint-
» Domingue, car agissant différemment, j'aurais été en
» contradiction avec moi-même [1]. »

---

[1] *Napoléon en exil ou l'Écho de Sainte-Hélène*, par O'Meara, vol. 2, page 216.

J'ajoute ici, pour compléter le plus qu'il est en mon pouvoir les opinions de l'empereur Napoléon sur les événements de mon pays, un rapport adressé par le général Dauxyon-Lavaysse au président Pétion [1], après les cent-jours.

Ce rapport, dont je dois la communication à l'amitié de M. Linstant, avocat en Haïti, est, à mon très-grand désespoir, plein de lacunes; trouvé dans la cour du gouvernement du Port-au-Prince, il aura été sans doute mutilé pendant la révolution de 1843; peut-être ne serait-il pas impossible d'en découvrir les autres fragments; j'en recommande du moins la recherche au patriotisme de mes concitoyens.

.... « L'empereur : C'est un drôle de roi que ce
» Christophe!...

— « Sire, sa majesté très-*Christophienne* est certainement
» très-drôle et très-burlesque, mais c'est un très-mauvais
» plaisant; c'est un bacha qui fait trancher la tête de ses
» généraux, de ses médecins, de ses favoris, au moindre
» caprice de son humeur sanguinaire; et l'on assure qu'il
» n'est jamais d'aussi bon appétit que lorsqu'il a fait
» décoller par ses sapeurs quelques-uns de ses sujets. »

— « Peste! vous avez donc bien fait de ne pas aller
» lui rendre visite [2]... et les noirs? et la culture? »

---

[1] Pétion (Anne-Alexandre) naquit au Port-au-Prince, le 2 avril 1770. Nul ne fut plus grand, avant comme après, dans les fastes de l'Amérique. Il mourut le 29 mars 1818, à l'âge de 48 ans.

[2] L'adjudant-général Lavaysse (Dauxyon), le colonel Francodo Medina (Augustino) et un sieur Dravermann furent envoyés, en 1814, lors de la première restauration, en Haïti, pour rattacher la colonie en la métropole. Alors Haïti était divisée sous l'administration de l'affreux Christophe et du vertueux Pétion. Dravermann s'arrêta à la Jamaïque; Franco de Medina débarqua sur le territoire espagnol, et Lavaysse au Port-au-Prince. Leurs instructions secrètes, rédigées sous le ministère de M. de

— « Sire, il leur dit qu'ils sont libres ; mais ils sont
» esclaves du sol de telle ou telle habitation ; en un mot
» attachés à la glèbe, et au lieu d'être fustigés comme
» autrefois, lorsqu'ils désertent les plantations, on leur
» donne la bastonnade pour la première fois, et lorsqu'il
» récidivent on leur tranche la tête ou bien on les fusille. »

— « L'empereur : belle liberté ! Et Pétion ? »

— « Oh ! Sire, c'est un tout autre homme. Le général
» Pétion est un homme lettré, éclairé, de mœurs douces,
» quoiqu'un peu têtu. »

— « L'empereur, souriant : ah ! il n'est pas le seul
» qu'on accuse d'être un peu têtu... Quel titre prend-

Malouet, ennemi de la liberté des noirs, portaient en substance la mort ou l'exil de nos principales autorités nationales, le rétablissement de l'esclavage. Pendant que le président Pétion accueillait le général Lavaysse avec tout le respect exigé par le droit des gens et toute la dignité qu'il se devait à lui-même, le colonel de Medina se dirigeait vers la frontière du Nord, où il était arrêté et conduit au Cap. Dépouillé de ses fallacieuses instructions, Medina fut livré à une commission militaire ; exposé pendant plusieurs jours sur la place publique, battu de verges par une populace ignoble, on le fit à la fin assister, dans une église tendue de noir, à une messe de *requiem ;* puis il disparut au milieu d'affreux tourments. « Le gouvernement de Christophe, dit M. Lepelletier de Saint-
» Rémy, est tout dans cette cérémonie judiciaire. » Mais ce n'est pas tout ; *le roi d'Haïti* fit imprimer les instructions de la mission et les envoya au président d'Haïti.

Pétion, qui négociait de bonne foi, passa de l'étonnement à l'indignation. Le général Lavaysse avait tout à redouter ! Mais, loin d'imiter le farouche exemple que venait de lui donner le roi du Nord, Pétion se hâta d'envoyer son médecin particulier, M. Mirambeau, blanc qui avait survécu aux massacres ordonnés par Dessalines, en 1804, tranquilliser le général français sur son sort. « Le pavillon de la République, lui fit-il dire, protége le droit des gens ; je veux d'ailleurs comme toujours donner aux blancs des preuves de la magnanimité de ma race. » Les négociations furent dès lors interrompues.

» il ? Quelle est la forme de son gouvernement? »

— « Sire, il a trop d'esprit et de bon sens, pour
» s'imaginer, comme son ignare voisin et d'autres petits
» chefs sauvages de l'ancien et du nouveau monde * que
» l'on peut sérieusement prendre le titre de roi, parce que
» l'on commande une douzaine de paroisses, peuplées de
» serfs. Point de titre pompeux dans la République
» d'Haïti ; point d'autorité arbitraire. Ce pays est une sorte
» de république municipale dont le général Pétion est le
» président et le gouverneur, et qu'il administre comme
» un Jefferson ou un Washington, comme un bon lan-
» dermann de Suisse, en un mot en guerrier, en sage et
» en père. »

— « L'empereur : Avez-vous remarqué là quelques
» autres hommes de mérite? »

— « Plusieurs, Sire. Celui que j'ai été le plus à portée
» de connaître et d'apprécier est le général Boyer [1]. Il a
» l'esprit cultivé, le cœur noble et excellent. »

— « Le roi, qu'il se fasse appeler roi, tant qu'il lui
» plaira, — aussi bien nous ne sommes plus roi. — Nous
» avons fait une grande faute, de grandes fautes à la
» paix d'Amiens. Elles m'ont coûté bien du sang et des
» transes, parce que l'on se laissait aller aux conseils

---

* « J'ai souligné ces plusieurs mots que j'avais oubliés dans l'extrait que
» j'avais remis pour vous au général Toledo. Plus de trente sénateurs,
» conseillers d'État, généraux, etc., entr'autres MM. les comtes de
» Montesquiou, de Beauveau, Las-Cases, les généraux Rapp, Mouton,
» Belliard, etc., ont été témoins de cette conversation. »

[1] Boyer (Jean-Pierre), mulâtre, naquit au Port-au-Prince, le 28 février 1776; il succéda au président Pétion ; malgré toutes les espérances qu'il promettait, son système gouvernemental ne fut qu'une longue et absurde compression ; expulsé par la révolution de 1843, il mourut à Paris, le 9 juillet 1850.

» forcenés de messieurs les habitants de Saint-Domingue.
» Que le passé nous serve de leçons, pour ne pas faire de
» sottises nouvelles. Nous avons bien besoin de réparer
» nos pertes de toute espèce. Faisons avec eux un bon
» traité de commerce et qu'ils se gouvernent comme il
» leur conviendra. Les peuples de l'Amérique sont mûrs
» pour l'indépendance, et la politique européenne ne
» doit plus se mêler de leur intérieur, ne doit plus préten-
» dre de les retenir en tutèle... On vous fera entrer dans
» mon cabinet après l'audience. Je veux vous parler encore
» et en vous montrant au comte de Montesquiou (son
» grand-chambellan), on vous fera entrer dans mon cabinet
» après l'audience. »

» Deux heures après, je fus introduit par le comte de
» Beauveau, chambellan de service.

» Croirez-vous que la première chose qu'il me demanda
» fut d'où vous venait le nom de Pétion ? »

— « Sire, je crois deviner la pensée de Votre Majesté ;
» peut-être a-t-elle pensé que le président Pétion s'est
» donné ce nom par admiration pour le *vertueux* Péthion,
» comme quelques enthousiastes et imbéciles, qui prirent
» dans le temps les prénoms de Brissot, Marat, Robespierre
» etc., Aristide, Caton, etc. Non, sire, Pétion n'est rien
» moins qu'un enthousiaste ; c'est une des têtes les plus
» fortes et les plus saines qui existent. Il est né fils naturel.
» Pétion est un nom d'enfance, une contraction de
» *petiton*, et il n'a point mis de *h* à ce nom, qui est devenu
» son nom propre.

— » L'empereur : c'est bien, en dardant à travers mes
» yeux son regard scrutateur jusque au fond de mon âme,
» tout en prenant sa prise de tabac. »

« Il serait trop long de vous raconter ici, et d'ailleurs je ne puis actuellement confier au papier tout que ce l'empereur me dit à votre sujet dans ce tête-à-tête. M. Colombel [1] à qui j'ai plus d'une fois raconté ces choses afin qu'il prît des notes et qu'il vous en fît le récit fidèle, doit s'en être acquitté. Je dois cependant vous dire que, lorsque je lui ai fait connaître l'organisation de votre République, il convint de l'injustice en même temps que de l'impossibilité de vous faire rentrer sous la souveraineté de la France.

» Votre proposition d'accorder une indemnité aux colons expropriés lui donna une haute idée de la probité, de la modération et de la générosité de votre gouvernement et de vos compatriotes. Et à ce sujet, il disait : « C'est plus que n'aient jamais fait aucun gouvernement et aucun pays dans de pareilles circonstances. »

« Son projet était donc de reconnaître votre indépen-

---

[1] Colombel, mulâtre, naquit à Saint-Michel du Fonds-des-Nègres, vers 1784. Son père était blanc, notaire de la paroisse. Il fut envoyé en France pour y faire ses études ; il ne revint en Haïti qu'en 1816. Le président Pétion, qui aimait à encourager le talent partout où il le rencontrait, le prit pour son secrétaire particulier. Dans ce poste où l'avait appelé la confiance du grand homme, Colombel fut à même de recueillir des notes précieuses sur l'histoire de nos révolutions ; il eut même le loisir de composer la *Vie d'Alexandre Pétion*. Ami intime de Billaud de Varennes, que le souffle des révolutions avait jeté au Port-au-Prince, et qui y mourut, il avait en sa possession des manuscrits précieux de ce fameux conventionnel ; reparti pour l'Europe sur le brick le *Leviathan*, en avril 1823, pour faire imprimer ses travaux et ceux de Billaud de Varennes, il périt avec le navire qu'il montait. — Il nous a laissé plusieurs opuscules ; le principal a pour titre : *Examen d'un pamphlet ayant pour titre : Essai sur les causes de la révolution et des guerres civiles d'Haïti*, par Vastey. Port-au-Prince, novembre 1819.

» dance politique; et il concevait avec juste raison que
» l'article du traité par lequel votre République aurait ac-
» cordé une indemnité aux anciens colons, aurait jeté pen-
» dant plusieurs années une telle quantité de denrées
» d'Haïti dans le commerce français (puisque ce paiement
» se serait fait en denrées) qu'il aurait établi durant cette
» période un commerce presque exclusif en faveur de la
» France, et qu'une fois ce commerce rétabli, la commu-
» nauté de langage, de mœurs, d'habitudes et surtout le
» mélange du sang français avec votre sang, par la destruc-
» tion de l'ancien préjugé sous ce rapport, aurait donné
» pour l'avenir un commerce de préférence à la France,
» sans qu'il fût nécessaire de le stipuler par un traité.

» Dans le courant de cette première conversation privée
» avec l'empereur, je lui dis que vous et vos compatriotes,
» voyiez dans l'obstination du gouvernement de Louis XVIII
» à vouloir continuer la traite des noirs, l'intention de réta-
» blir l'esclavage à Saint-Domingue, en ajoutant ce que vous
» m'avez dit aussi, que ce souverain, n'ayant publié au-
» cune ordonnance, n'ayant fait aucun règlement pour
» améliorer le sort des gens libres et des esclaves de la
» Martinique et de la Guadeloupe, vous ne pouviez croire
» qu'il ait eu l'intention sincère de respecter les droits
» que votre population a acquis depuis la révolution.

» Il me parla alors du décret qu'il avait rendu à Lyon à
» ce sujet [1] et m'ordonna d'aller conférer de ces choses avec
» le ministre Decrès, chez lequel je me rendis en sortant
» de chez l'empereur, mais qui traita avec tant de légèreté

---

[1] Il n'y eut de décret rendu contre la traite qu'à Paris; ce décret est du 29 mars 1815.

» ce sujet que je n'y revins plus. Mais ce misérable qui
» était un de ceux qui trahissaient alors l'empereur, ou du
» moins de ceux qui ne voulaient pas se compromettre avec
» les Bourbons, traita si légèrement tout ce que je lui dis
» que je ne revins plus chez lui, pour lui parler de ces
» choses.

» Néanmoins comme je m'étais mis en tête de faire pré-
» valoir en France les idées favorables à la liberté des
» Haïtiens, je me rendis... (*Lacune*).

— ».... Excellent. Il a l'esprit cultivé, il écrit en homme
» de lettres *. Il connaît bien son métier. En un mot, il
» serait un général distingué dans les armées de V. M. »

— « L'empereur : En vérité ! »

— « Oui, Sire ; et il n'est pas le seul ; mais je n'ai pas eu
» le temps de bien connaître les autres, par exemple, le
» général Gédéon [1], un aide-de-camp du président nommé

---

* « Je racontais un jour à MM. Suard, Roger, Laya et d'autres hom-
» mes de lettres, qu'un jour je montrais au général Boyer une lettre,
» laquelle, étant malade, j'écrivais au président. Le général Boyer me
» proposa de changer deux expressions que je leur montrai. C'est
» (*Lacune*) observa Laya.... (*Lacune*). »

[1] Gédéon (Antoine), noir, naquit à Léogane, vers 1771 ; il joua un grand rôle dans les événements qui amenèrent la mort de Dessalines. Il mourut au Port-au-Prince, en 1829. On prétend qu'après la mort de Pétion, survenue en 1818, plusieurs sénateurs voulurent le porter à la présidence de la République, en guise du général Boyer. Il eut, dit-on, l'héroïsme de décliner son insuffisance comme homme d'État. Cette particularité, vraie ou fausse, n'est pas moins honorable pour sa mémoire, car elle prouve jusqu'à quel point s'étendait sa réputation de citoyen désintéressé, d'homme de bien, chose si rare de nos jours, où tout le monde a la manie de gouverner les âmes.

» Hogu[1], ses secrétaires Inginac[2], Garbage[3]; et comme
» j'étais en train d'en nommer d'autres, Napoléon m'inter-
» rompit par ces questions :

« Quelles sont les forces de *monsieur* Christophe ? »

— « Environ huit mille hommes, infanterie, cavalerie,
» artillerie, etc. »

— « Et celles de Pétion ? »

— « Sire, environ vingt mille hommes de toutes armes. »

« Et comme j'entrais dans des détails, l'empereur m'in-
» terrompit encore en disant : « de manière que le républi-
» cain est plus puissant que le monarque[4]. »

---

[1] Hogu (Augustin-Robert), mulâtre, naquit à la Croix-des-Bouquets, vers 1776. C'était un des plus braves et des plus intelligents officiers de l'état-major de Pétion. Il rendit à la chose publique de grands services pendant le siège de 1812. Général de brigade en retraite, il mourut au Port-au-Prince, en mai 1846.

[2] Inginac (Joseph-François-Balthazar), mulâtre, naquit à Léogane, le 31 décembre 1773. Général de division, banni à la révolution de 1843, il fut rappelé dans son pays sous la présidence du général Riché. Il mourut le 9 mai 1847. On a de lui deux petits *Mémoires*, imprimés à la Jamaïque, pendant son exil. Ces *Mémoires* contiennent des révélations assez curieuses sur l'administration du président Boyer, dont il était le secrétaire-général.

[3] Garbage (François), mulâtre, naquit au Port-au-Prince, vers 1776. Son intelligence le fit appeler, en 1794, par le général Montbrun, dans les bureaux de l'adjudance-générale de l'Ouest. Beaucoup plus tard, Alexandre Pétion se l'attacha comme secrétaire. Ses capacités qui s'étaient développées avec l'âge, son dévoûment bien éprouvé aux intérêts de son pays, lui méritèrent de plus en plus la confiance de Pétion. Ainsi, celui-ci, après la vaine mission de Dauxyon-Lavaysse, l'envoya en Angleterre, pour amener, sous la médiation du cabinet britannique, la reconnaissance de notre Indépendance par la France. Le retour inopiné de Napoléon de l'île d'Elbe dérangea les négociations; néanmoins Garbage eut plusieurs conférences avec lord Liverpool, premier ministre de la couronne. Doué d'une faible santé, il mourut à Londres le 6 juillet 1815, sans avoir pu terminer sa mission.

[4] Il est évident que Dauxyon-Lavaysse diminuait les forces de Christophe pour mieux disposer l'empereur Napoléon en faveur de la République, car les armées des deux États étaient à peu près du même chiffre.

— » A propos, — c'est toujours l'empereur qui parle,
» — est-il vrai que lorsque vous faisiez au président Pétion
» et aux autres l'étalage des honneurs et de la considération
» dont étaient comblés ici par le dernier gouvernement les
» hommes célèbres de la révolution, il vous a répondu qu'il
» lui semblait les voir figurer comme les mulâtres de
» la France ? »

— « Oui, sire, le mot est du président. »

— « L'empereur : Et ce n'est pas le mot d'un homme
» ordinaire! Il voyait mieux la France du Port-au-Prince
» qu'on ne la voyait des Tuileries [1]. »

— « Sire, Pétion ajouta qu'il ne concevait pas qu'une
» nation aussi nombreuse et aussi forte que la nation fran-
» çaise eût pu souffrir l'insulte que les alliés lui avaient
» faite, en déclarant qu'ils ne traiteraient ni avec vous, ni
» avec aucun membre de votre famille ; qu'il ne croyait pas
» qu'aucune autre nation européenne eût toléré une pareille
» insulte, eût-elle été gouvernée par un prince qu'elle
» aurait méprisé. »

— « L'empereur m'interrompit en proférant devant cette
» nombreuse et illustre assemblée [*] ces mémorables pa-

---

[1] « Comme je lui disais (à Pétion) qu'il n'y avait plus de préjugés et
» que le roi était entouré des hommes de la révolution et de l'empire
» aussi bien que de ceux de l'ancien régime, il me répondit : « Vous ne
» lisez donc pas l'*Almanach royal;* ouvrez-le et vous ne verrez figurer
» dans les grandes places de la cour que deux hommes de la révolution :
» un sot et un traître,..... Quant aux hommes de l'empire, ce sont les
» mulâtres de la restauration..... Comment puis-je traiter avec vous ?
» avant trois mois, vous verrez Bonaparte entrer en France et les
» Bourbons s'en aller plus vite qu'il ne sont venus. » Correspondance
de Dauxyon-Lavaysse, papiers du ministère de la marine. Voyez *Saint-
Domingue, Étude et solution nouvelle de la question haïtienne,* par Lepelletier de Saint-Rémy, vol. 2, page 19.

[*] « J'aime à prendre à témoin ces personnages qui, je crois, sont tous
» en vie, mon camarade Labédoyère excepté, et j'avoue que j'éprouve
» quelque sorte d'orgueil d'avoir été le premier qui ait osé parler ainsi
» à l'autorité, d'hommes que naguère on traitait de rebelles qu'il fallait
» exterminer. »

» roles : Eh bien ! ils veulent être libres, qu'ils demeurent
» libres, puisqu'ils sont dignes de l'être ! *monsieur* Chris-
» tophe *aime* à faire le roi ; qu'il fasse le roi.... (*Lacune*).

DÉCRET IMPÉRIAL.

« Au Palais des Tuileries, le 29 mars 1815.

« Napoléon, empereur des Français,

» Nos ministres d'État entendus,

» Nous avons décreté et décrétons ce qui suit :

» Art 1er. A dater de la publication du présent décret la
» traite des noirs est abolie.

» Il ne sera accordé aucune expédition pour ce commerce,
» ni dans les ports de France, ni dans ceux de nos colo-
» nies.

» Art. 2. Il ne pourra être introduit pour être vendu dans
» nos colonies aucun noir provenant de la traite soit fran-
» çaise, soit étrangère.

» Art. 3. La contravention au présent décret sera punie
» de la confiscation du bâtiment et de la cargaison, laquelle
» sera prononcée par nos cours et tribunaux.

» Art. 4. Néanmoins les armateurs qui auraient fait par-
» tir avant la publication du présent décret des expéditions
» pour la traite, pourront en vendre le produit dans nos co-
» lonies.

» Art. 5. Nos ministres sont chargés de l'exécution du
» présent décret.

» (Signé) Napoléon.

» Par l'empereur,

» Le ministre secrétaire d'État, (signé) le duc de Bassano. »

Je crois devoir ajouter à cet appendice l'ordonnance par laquelle le roi Charles X reconnut l'indépendance de mon pays. Sans doute, il eût été plus glorieux pour Haïti de traiter de puissance à puissance avec la France, ainsi que l'avait entendu le grand Pétion, et non point de subir un *ultimatum* qui ressemble tant soit peu aux fourches caudines de l'ancienne Rome. Mais je prierai le lecteur de faire peu d'attention à la contexture de cette ordonnance, car Charles X, roi absolu, niant, comme son prédécesseur, toutes les conquêtes de la révolution, ne relevait que de son libre arbitre. Ainsi Louis XVIII, dans la charte de 1814, avait *octroyé* au peuple français les droits politiques et civils que cependant il tient de la nature comme tous les autres peuples. Or, quelles formes plus honorables les Haïtiens pouvaient-ils attendre de la restauration?

ORDONNANCE DU ROI.

« Paris, le 17 avril 1825.

« CHARLES, par la grâce de Dieu, roi de France et de
» Navarre,
» A tous ceux qui ces présentes verront, salut :
» Vu les articles 14 et 73 de la charte ;
» Voulant pourvoir à ce que réclament l'intérêt du com
» merce français, les malheurs des anciens colons de Saint-
» Domingue, et l'était précaire des habitants actuels de
» cette île,
» Nous avons ordonné et ordonnons ce qui suit :
» Art. 1ᵉʳ. Les ports de la partie française de Saint-Do-
» mingue seront ouverts au commerce de toutes les nations.
» Les droits perçus dans ces ports, soit sur les navires,
» soit sur les marchandises, tant à l'entrée qu'à la sortie,

» seront égaux et uniformes pour tous les pavillons, excepté
» le pavillon français, en faveur duquel ces droits seront
» réduits de moitié.

» Art. 2. Les habitants actuels de la partie française de
» Saint-Domingue verseront à la caisse générale des dépôts
» et consignations de France, en cinq termes égaux, d'an-
» née en année, le premier échéant au trente-un décembre
» mil huit cent vingt-cinq, la somme de cent cinquante
» millions de francs, destinés à indemniser les anciens co-
» lons qui réclameront une indemnité.

» Art. 3. Nous concédons à ces conditions par la présente
» ordonnance aux habitants de la partie française de Saint-
» Domingue, l'indépendance pleine et entière de leur gou-
» vernement.

» Et sera la présente ordonnance scellée du grand sceau.

» Donné à Paris, au château des Tuileries, le 17 avril,
» l'an de grâce 1825, et de notre règne le premier,

» CHARLES.

» Par le roi,
» Le pair de France, ministre secrétaire d'état au dépar-
» tement de la marine et des colonies,

» Comte de CHABROL.

» Vu au sceau :
» Le garde des sceaux de France, ministre secrétaire
» d'État du département de la justice,

» Comte de PEYRONNET.

» Visa :
» Le président du conseil des ministres,

» J. de VILLÈLE. »

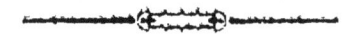

« RAPPORT AU ROI.

» Sire,

» Depuis les sinistres événemens qui, en 1791 et 1792, bouleversèrent une de nos plus importantes colonies, et menacèrent toutes les autres d'une destruction générale, l'attention des divers gouvernemens qui se sont succédé n'avait cessé de se porter sur une possession si précieuse et qui était d'un si grand poids dans la balance du commerce de la France.

» A l'époque du traité d'Amiens, une expédition formidable se prépara dans nos ports : vingt vaisseaux de ligne, vingt frégates et un grand nombre de vaisseaux de transport y débarquèrent successivement près de 50,000 hommes; on connaît les résultats déplorables de cette expédition. Je n'en signalerai point ici les causes : quelles que soient les fautes qui furent commises et les conséquences qui en furent la suite, il n'en resta pas moins démontré à tous les gens sages et éclairés, que de toutes les chances que pouvait présenter une expédition de ce genre, celle de la conquête n'était ni la seule, ni peut-être même la plus difficile à obtenir.

» Depuis cette époque, les relations avaient été entièrement rompues avec cette colonie; une mort certaine était même réservée à tout Français qui aurait osé s'y introduire.

» A l'époque heureuse de la restauration, diverses tentatives furent faites, soit pour renouer avec elle des relations favorables à notre commerce, soit pour assurer à d'anciens propriétaires une indemnité des pertes qu'ils avaient subies, soit enfin pour rattacher par les liens d'une dépendance au moins extérieure, et toute de protection, la colonie à son ancienne métropole.

» Ces tentatives n'eurent aucun résultat ; mais il fut facile d'apercevoir, que les anciennes haines s'étaient affaiblies, que de vieux souvenirs s'étaient réveillés, qu'un système plus régulier de gouvernement s'était établi, et que les relations pouvaient se renouer avec des avantages réciproques et mutuellement appréciés.

» C'est surtout depuis que la force des événements avait fait tomber le pouvoir entre les mains du président actuel, que ces dispositions avaient été plus remarquées, et qu'un système de protection et d'égards pour le commerce étranger et même pour le commerce français, avait remplacé ces mesures de défiance dans lesquelles l'île avait si longtemps cherché sa sûreté.

» Plusieurs expéditions se dirigèrent donc des ports de France sur Saint-Domingue ; mais elles n'y étaient admises que sous un pavillon simulé, et les droits auxquels elles étaient assujéties, étaient doubles de ceux auxquels étaient soumis les navires d'autres nations plus favorisées.

» V. M. a pensé, Sire, qu'un pareil état de choses ne pouvait se maintenir plus longtemps ; qu'il fallait ou renoncer à toutes relations avec cette île, ou les établir sur un pied qui fût respectivement avoué, et qu'il importait à la dignité de la couronne que le commerce de France ne fût dans aucun cas obligé de dissimuler son pavillon et d'emprunter des couleurs étrangères.

» La sagesse de V. M. avait aussi apprécié ce que la marche progressive des événements pouvait amener de chances nouvelles dans le rapport de l'ancien avec le nouveau-monde, et elle avait marqué elle-même ce point délicat, qui dans les affaires graves et importantes est souvent unique et presque toujours décisif.

» V. M. se détermina à rendre l'ordonnance du 17 avril.

» Satisfaire aux besoins du commerce français en lui ouvrant un débouché avantageux, assurer une indemnité aux anciens Colons de Saint-Domingue, faire cesser l'état précaire où se trouvaient les habitants de cette île ; tels furent les motifs qui déterminèrent V. M. Ils étaient dignes de son cœur paternel et de la haute protection qu'elle accorde à tous les intérêts du pays.

» V. M. m'avait chargé de faire parvenir cette ordonnance au président du gouvernement de Saint-Domingue, comme la dernière condition sous laquelle elle consentirait à renoncer à ses droits de souveraineté, et à accorder à cet état l'indépendance pleine et entière de son gouvernement.

» En même temps que V. M. annonçait ces déterminations nobles et généreuses, elle me donnait l'ordre de faire toutes les dispositions nécessaires pour que de pareilles intentions n'eussent pas été manifestées en vain ; et sans douter un instant qu'elles ne fussent reçues avec la reconnaissance qu'elles méritaient, elle avait voulu qu'elles fussent accompagnées de cet appareil de force et de dignité qui convient à tout ce qui émane d'un Roi de France.

» D'après les ordres de V. M., M. le baron de Mackau, capitaine de ses vaisseaux et gentilhomme de sa chambre, a été chargé de porter cette ordonnance, et il est parti de Rochefort, le 4 mai dernier, sur la frégate *la Circé*.

» Ses instructions lui prescrivaient de se rendre immédiatement à la Martinique, pour s'y concerter avec le lieutenant-général comte Donzelot, gouverneur de cette colonie, et avec M. le contre-amiral Jurien, commandant la station navale de V. M., dans les Antilles.

» Le contre-amiral Jurien recevait en même temps l'ordre de rallier tous les bâtiments dépendant de la station, en sorte qu'ils fussent réunis au Fort-Royal, du 1 au 20 juin, et le contre-amiral Grivel, commandant la station navale du Brésil, devait se rendre à la même époque à la Martinique, et s'y réunir à l'escadre du contre-amiral Jurien.

» *La Médée*, partie de France, vers le milieu de mai, recevait la même destination, et arrivait au Fort-Royal le 17 juin.

» V. M. m'avait aussi donné l'ordre de tenir en état d'armement complet, et prêtes à appareiller au premier signal, quatre frégates, *l'Amphitrite*, *l'Antigone*, *la Flore*, et *la Galathée*, et de mettre en commission, ou en état d'armement provisoire, deux vaisseaux, quatre frégates, et plusieurs bâtiments légers. Il eût suffi de quelques jours pour achever leur armement, et les mettre en état de suivre, au premier ordre, la destination qu'il eût paru convenable de leur donner.

» Les ordres de Votre Majesté ont été ponctuellement exécutés, et avec une précision que ne comportent pas toujours des expéditions qui sont subordonnées à tant de causes éventuelles.

» L'escadre, réunie sous les ordres de M. le contre-amiral Jurien, à l'époque du 20 juin, se composait du vaisseau *l'Eylau*, de 80 canons; du *Jean-Bart*, de 74; des frégates *la Vénus* et *la Clorinde*, portant du 24; de *la Nymphe*, de *la Thémis*, de *la Magicienne*, de *la Circé*, de *la Médée*, de *la Salamandre*, portant du 18, et de cinq bricks, ou bricks-goelettes, armés de 16 canons, de 18 et de 24.

» M. le baron de Mackau, commandant *la Circé*, avait ordre de précéder de quelques jours le départ de l'escadre, qui devait ne se montrer dans les parages du Port-au-Prince, que d'après l'avis qui lui en serait donné.

» Cet officier a appareillé de la Martinique, le 23, avec une division composée de la frégate *la Circé*, et des deux bricks *le Rusé* et *la Béarnaise*. Il a paru devant le Port-au-Prince, le 3 juillet. Le surplus de l'escadre a appareillé le 27 juin, du Fort-Royal.

» L'accueil que reçut M. le baron de Mackau, fut de nature à lui faire concevoir de justes espérances sur le succès de la mission dont il était chargé.

» A peine se fut-il signalé, que deux officiers vinrent à son bord, et qu'un logement convenable lui fut désigné au Port-au-Prince, ainsi qu'aux officiers sous ses ordres.

» Des conférences s'ouvrirent de suite entre lui et trois commissaires qui avaient été délégués par le président du gouvernement d'Haïti ; et comme au bout de trois jours, elles n'avaient pas été amenées à un point de solution, elles furent reprises avec le président lui-même, aux intentions conciliantes duquel M. le baron de Mackau se plaît à rendre la plus entière justice. »

» Ce fut le 8 juillet, et après quelques discussions préliminaires qui n'étaient pas sans importance, mais qui furent traitées avec cet esprit de conciliation qui termine les affaires, quand on veut franchement les terminer, que le président écrivit à M. de Mackau : que d'après les explications qui lui avaient été données, et confiant dans la loyauté du Roi, il acceptait, au nom du peuple d'Haïti, l'ordonnance de Votre Majesté, et qu'il allait faire les dispositions nécessaires pour qu'elle fût entérinée au sénat avec la solennité convenable.

» Je ne dois pas laisser ignorer à Votre Majesté qu'avant de prendre cette détermination, le président avait cru devoir consulter plusieurs membres du sénat et les principaux officiers de l'île; que les difficultés qui s'étaient élevées dans la discussion furent mises sous leurs yeux; que tous déclarèrent s'en remettre à la sagesse du chef de la république; que la confiance dans la parole et dans les intentions généreuses de Votre Majesté a seule aplani tous les obstacles, et que lorsque M. le baron de Mackau fut introduit du cabinet du président dans la salle où se trouvaient réunis tous les principaux officiers, les cris de *vive le Roi! vive le Dauphin de France, vive la France!* se firent entendre avec une acclamation unanime, et se mêlèrent aux cris d'indépendance nationale, que l'ordonnance de Votre Majesté venait proclamer et de reconnaître.

» Ce fut le 11 juillet que le sénat fut convoqué, pour procéder à l'entérinement de l'ordonnance, d'après les formes prescrites par les lois constitutives du pays.

» Ce jour fut un véritable jour de fête pour les habitants de l'île. La population tout entière s'était réunie dans les places publiques et dans les rues où devait passer le cortége. Une troupe nombreuse de la meilleure tenue formait la haie depuis le rivage jusqu'à la place du sénat. L'escadre avait reçu l'invitation d'entrer dans le port. M. le baron de Mackau, accompagné de MM. les contre-amiraux Jurien et Grivel et des sous-officiers de l'escadre, porta avec l'appareil le plus solennel l'ordonnance de

Votre Majesté, qui fut saluée à son passage par toute l'artillerie des vaisseaux, à laquelle se mêlèrent les acclamations unanimes de la population. Arrivés au sénat, où ils furent introduits avec les égards et le cérémonial convenables, l'ordonnance fut entérinée en leur présence. Le procès-verbal qui a été dressé de cette séance et le discours du président du sénat au commissaire de Votre Majesté, ne laissent aucun doute sur l'unanimité de sentiments avec laquelle elle a été reçue, et sur la profonde reconnaissance qu'elle a fait naître dans tous les cœurs.

» C'est aux cris de *vive le Roi de France, vive son fils bien-aimé!* que la séance fut levée, et qu'une commission de trois membres fut chargée d'en porter l'expédition au président de la république.

» Depuis le jour de cette séance jusqu'au 18 juillet, jour où l'escadre est partie, et au 20 juillet où M. le baron de Mackau a quitté le Port-au-Prince, une suite de fêtes brillantes se sont succédé, et la joie manifestée par la population a prouvé que les intentions bienveillantes de Votre Majesté avaient été senties et appréciées, comme elle avait droit de l'attendre.

» M. le baron de Mackau a donné passage à son bord à trois envoyés qui se rendent en France, dans la vue de négocier un emprunt pour satisfaire aux conditions de l'ordonnance.

» Sire, ces mêmes sentiments qui s'exhalaient avec tant d'enthousiasme à deux mille lieues de votre capitale, dans une île dont tant d'événements semblaient nous écarter pour toujours, se sont manifestés avec la même expression dans les ports et dans les villes maritimes de votre royaume. Elles ont vu se rouvrir pour elles des sources de prospérité qu'elles croyaient taries. Les anciens Colons, dépourvus depuis si longtemps de ressources, et ne conservant même plus les illusions de l'espérance, éprouveront un soulagement inattendu. Un état fixe et soumis à toutes les règles d'égards et de convenances que la civilisation a introduites parmi les nations, et dont elle a fait la première base du droit public, remplacera cet état précaire qui n'était pas sans danger pour toutes les colonies européennes.

» Je ne terminerai pas ce rapport, Sire, sans mettre aux pieds de Votre Majesté l'expression du dévouement du commandant et de tous les officiers de son escadre. Tous ont rivalisé de zèle pour exécuter ponctuellement les ordres de Votre Majesté. Les rapports de M. de Mackau, que j'ai mis sous ses yeux, ne lui permettront point de douter, j'ose l'espérer, que cet officier n'ait répondu à la confiance qu'elle lui avait témoignée.

» Sa mission, pour me servir de ses propres expressions dans ses conférences avec le président d'Haïti, lui donnait le caractère de soldat et non celui de diplomate ou de négociateur. La franchise de ses explications, entièrement en harmonie avec celle que le président n'a cessé de montrer dès le premier instant, a, je n'en doute pas, aplani beaucoup de difficultés et écarté beaucoup d'obstacles. J'oserai le recommander aux bontés de Votre Majesté.

» Je suis avec le plus profond respect, Sire, de Votre Majesté, le très-humble et très-fidèle sujet,

» Comte de CHABROL. »

Extrait du Télégraphe, gazette officielle d'Haïti N° 29.

« Port-au-Prince, le 17 juillet 1825, an XXII.

« HAÏTI RECONNUE INDEPENDANTE.

» Dimanche, 3 de juillet, à dix heures du matin, la vigie signala une frégate et deux bâtiments. On était loin de penser que c'étaient des bâtiments de S. M. T. C. A deux heures de l'après-midi, ils mouillèrent en grande rade et l'on reconnut alors que c'était une frégate, un brick et une goëlette, sous pavillon français, la frégate ayant au mât de misaine le pavillon haïtien. Le colonel Boisblanc, chef des mouvements du port, se rendait à bord lorsqu'il rencontra un canot de la frégate ayant pavillon parlementaire, dans lequel était un officier porteur de dépêches pour le gouvernement. Le colonel Boisblanc prit les paquets et le canot retourna à bord de la frégate. S. E. le président d'Haïti, ayant reçu ces paquets, fit appeler le général de brigade B. Inginac, secrétaire-général, et lui donna ordre de répondre à la lettre que lui avait adressée M. le baron de Mackau, capitaine de vaisseau commandant la frégate la Circé, pour lui annoncer qu'il était chargé par S. M. T. C. d'une mission toute pacifique auprès du gouvernement d'Haïti, de laquelle il espérait qu'il résulterait les plus grands avantages pour le pays. Le secrétaire-général envoya le soir même un de ses aides-de-camp à bord de la frégate, apporter la réponse à M. de

Mackau. Il lui annonçait dans sa lettre qu'il serait reçu avec les égards dus au monarque qui l'avait envoyé. Aussitôt des ordres furent donnés pour la réception de M. le baron de Mackau et de sa suite. Le lendemain, 4 du courant, vers les sept heures du matin, le noble envoyé de S. M. T. C. descendit à terre et se rendit en voiture à l'hôtel du secrétaire-général, où après une conférence particulière avec lui, qui dura plus de deux heures, M. de Mackau se retira dans les appartements qui lui avaient été destinés. Dès que le secrétaire-général eut eu rendu compte à S. Ex. de son entrevue avec M. le baron, le président nomma trois commissaires (le colonel Frémont, aide-de-camp de S. Ex., le sénateur Rouannez et le secrétaire-général) afin de prendre connaissance de la mission de M. de Mackau, et de traiter avec lui pour le grand objet de la reconnaissance de l'indépendance d'Haïti. Messieurs les commissaires et M. l'envoyé eurent une première conférence, le 4 au soir, laquelle dura plusieurs heures, et le 5, à midi, ils en eurent une nouvelle qui fut prolongée jusqu'à quatre heures de l'après-midi. Dans ces deux conférences, les intérêts des deux gouvernements furent défendus de part et d'autre avec dévouement et patriotisme. Le soir du même jour, S. Ex. le président d'Haïti eut une première entrevue avec M. le baron de Mackau. Le 7, à midi, S. Ex. convoqua au Palais-National le secrétaire d'Etat, le grand-juge, le secrétaire-général, les généraux et les sénateurs présents dans la capitale, le trésorier-général, le doyen du tribunal de cassation et divers officiers civils et militaires, afin d'avoir leur opinion sur les propositions offertes. Le même soir, il eut une nouvelle conférence avec M. de Mackau. Le 8, au matin, S. Ex. le président d'Haïti annonça par une lettre à M. le baron que le gouvernement de la république acceptait, d'après les explications qu'il avait données, l'ordonnance qui reconnaît, sous certaines conditions, l'indépendance pleine et entière du gouvernement d'Haïti. Aussitôt le brick *le Rusé*, commandé par le capitaine de frégate M. Luneau, fut expédié au-devant de la flotte qui se trouvait dans nos eaux, sous les ordres des contre-amiraux Jurien, de la Gravierre et Grivel, pour leur annoncer la conclusion de la négociation, et le soir de la même journée, la goelette de S. M. T. C. *la Béarnaise*, commandée par le lieutenant de vaisseau, H. Derville, fut expédiée pour la France afin d'en apporter la nouvelle. »

Dès lors, la cérémonie de l'entérinement et acceptation de l'ordonnance au sénat fut arrêtée pour le 11.

Le 8, au soir, la flotte composée de treize bâtiments fut signalée, et le 9, à midi, elle mouilla en dehors de la grande rade.

Dans l'après-midi, M. les amiraux Jurien et Grivel, avec leurs officiers, descendirent et aller visiter le secrétaire-général, et ils obtinrent de S. Ex. le président d'Haïti une audience qui fut des plus agréables.

Le 11, à l'heure indiquée, M. de Mackau, MM. les amiraux et officiers de l'escadre devant le port, s'étant rendus à terre dans l'ordre arrêté, et ayant reçu les compliments du général Thomas et des généraux qui l'accompagnaient, le cortége est parti du quai pour se rendre au sénat, où étant entré, M. le baron de Mackau prit la parole et prononça le discours suivant :

« Messieurs du Sénat,

» Le roi m'a ordonné de venir vers vous et de vous offrir en son nom le pacte le plus généreux dont l'époque actuelle offre l'exemple. Vous y trouverez la preuve, Messieurs, qu'en ces grandes circonstances, la royale pensée de S. M. ne s'est pas moins portée sur l'état précaire des Haïtiens, que sur les intérêts de ses propres sujets.

» Sans doute, Messieurs, les hautes vertus de votre digne président, et l'intérêt d'un prince qui est tout à la fois l'orgueil et de son père et de la France, ont exercé une grande influence sur la détermination de S. M.; mais il suffisait qu'il y eût du bien à faire à une réunion d'hommes, pour que le cœur de Charles X fût vivement intéressé.

» Dieu bénira, Messieurs, cette sincère et grande réconciliation, et permettra qu'elle serve d'exemple à d'autres États déchirés encore par des maux dont l'humanité gémit.

» Aussi, nous est-il permis d'espérer que dans le nouveau monde comme dans l'ancien, nous trouverons tous les cœurs ouverts à cet amour qui nous fut légué par nos pères, dont héritera notre postérité la plus éloignée, pour cette auguste Maison de France, qui, après avoir fait le bonheur de notre pays, a voulu fonder celui de ce nouvel État. »

Et il déposa l'ordonnance sur la table du président du sénat.

Le président du sénat se leva et répondit au discours de M. le baron par celui qui suit :

« Monsieur le Baron,

» Nous recevons avec vénération, l'ordonnance de S. M. T. C. par laquelle la recognition de l'indépendance d'Haïti est formellement déclarée, et dont vous avez été chargé de nous présenter l'acte solennel.

» Il appartenait à un descendant de la noble et antique race des Bourbons de mettre le sceau au grand œuvre de notre régénération ; après de si funestes et de si cruelles calamités, Charles X, justement nommé le Roi Très-Chrétien, vient enfin de reconnaître le droit acquis par le peuple haïtien, et appelle cette jeune nation à prendre rang parmi les peuples anciens.

» Rendons grâce à l'Éternel.

» Gloire à l'auguste monarque qui, dédaignant des lauriers qui seraient souillés de sang, a préféré ceindre son front majestueux de l'olivier de la paix.

» Réunissons nos voix pour bénir son bien-aimé fils ; la renommée, en publiant ses vertus, a fait retentir sa voix jusqu'à nous.

» Félicitons M. le baron de Mackau d'avoir si dignement rempli son honorable mission : le nom de son souverain, celui du dauphin de France, et le sien seront inscrits en traits ineffaçables dans les fastes d'Haïti. »

Après ce discours, un des secrétaires du sénat a donné lecture, à haute et intelligible voix, de l'ordonnance de S. M. T. C., en date du 17 avril dernier, qui reconnaît l'indépendance pleine et entière du gouvernement d'Haïti. Ensuite, cet acte solennel a été entériné dans les registres du sénat, et remis à une députation composée des sénateurs Daumec, Pitre et Rouannez, pour être porté au président d'Haïti.

Les cris de *vive Charles X ! vive le Dauphin de France! vive la France ! vive Haïti ! vive le président d'Haïti ! vive l'Indépendance!* retentirent de tous les côtés de la salle ; et, après l'entérinement de l'ordonnance, la séance fut fermée ; et le cortége se rendit au Palais-National. Étant rendu au pied des escaliers, M. l'envoyé de S. M. T. C., MM. les amiraux et la députation du sénat furent reçus par le contre-amiral Panayoti, officier-général de service au palais, et furent introduits par les aides-de-camp de service dans la salle des généraux, où se trouvait S. Ex. le président d'Haïti, environné des grands fonctionnaires. Après les salutations réciproques et quand les principaux personnages du cortége eurent pris place sur les fauteuils qui leur étaient destinés, le sénateur Daumec, tenant dans ses mains l'ordonnance du Roi très-chrétien, renfermée dans un superbe étui de velours, se leva, et déposa sur la table ladite ordonnance. S. Ex. le président de la république, prenant alors la parole, a prononcé le discours suivant :

« En acceptant solennellement l'ordonnance de S. M. Charles X, qui reconnaît d'une manière formelle, l'indépendance pleine et entière du gouvernement d'Haïti, qu'il est doux pour mon cœur de voir mettre le sceau à l'émancipation d'un peuple digne, par son courage et sa détermination, des destinées que la Providence lui réservait, d'un peuple à la tête duquel il m'est si glorieux d'avoir été appelé !

» Si les Haïtiens, par leur constance et leur loyauté,

ont mérité l'estime des hommes impartiaux de toutes les nations, il est juste de rendre ici un hommage éclatant à la gloire immortelle que, par cet acte mémorable, le monarque de la France vient d'ajouter à l'éclat de son règne. Puisse la vie de ce souverain être longue et heureuse, pour le bonheur de l'humanité!

» Depuis vingt-deux ans, nous renouvelons chaque année le serment de vivre indépendants, ou de mourir. Désormais, nous ajouterons un vœu cher à notre cœur et qui, j'espère, sera exaucé par le ciel : Que la confiance et une franchise réciproque cimentent à jamais l'accord qui vient de se former entre les Français et les Haïtiens! »

M. de Mackau se leva et s'adressa à S. Exc. le président d'Haïti, dans les termes suivants :

« Monsieur le Président,

» Le Roi a su qu'il existait sur une terre éloignée, autrefois dépendante de ses États, un chef illustre qui ne se servit jamais de son influence et de son autorité que pour soulager le malheur, désarmer la guerre de rigueurs inutiles, et couvrir les Français, surtout, de sa protection.

» Le Roi m'a dit : « Allez vers cet homme célèbre, offrez-lui la paix, et, pour son pays, la prospérité et le bonheur. » J'ai obéi; j'ai rencontré le chef que m'avait signalé mon roi, et Haïti a pris son rang parmi les nations indépendantes. »

Les président d'Haïti prenant la parole, s'est exprimé en ces termes :

« Monsieur le Baron,

» Mon âme est émue à l'expression des sentiments que vous venez de manifester. Il m'est glorieux et satisfaisant tout à la fois d'entendre ce que vous m'annoncez, dans cette grave solennité, de la part de S. M. le roi de France. Tout ce que j'ai fait n'a été que le résultat de principes fixes qui ne varieront jamais.

» J'éprouve une véritable sastisfaction de pouvoir, dans cette circonstance, vous témoigner combien je me félicite d'avoir été à portée d'apprécier les qualités honorables qui vous distinguent. »

Après que le président eut fini de parler, il donna l'ordre au secrétaire-général de faire la lecture de l'ordonnance de S. M. T. C., et ensuite de la décharge donnée à M. de Mackau de la remise de l'ordonnance dont il était porteur ; cette décharge ayant été agréée, le signal convenu fut fait, et aussitôt les bâtiments composant l'escadre française devant le port, ont salué le pavillon d'Haïti comme celui d'une nation indépendante. Le fort Alexandre, tous les forts de la ligne et les garde-côtes sur rade ont salué le pavillon royal de France.

Les cris d'allégresse de *vive S. M. T. C.! vive la famille royale de France! vive le président d'Haïti! vive l'Indépendance! vive la France! vive Haïti !* se firent simultanément entendre.

Le cortége se rendit à l'église paroisiale pour y entendre le *Te Deum*. Le soir, il y eut un grand dîner, auquel assistèrent M. l'envoyé de S. M. T. C., les deux amiraux, les officiers de la flotte française, les magistrats et les officiers supérieurs de la garnison.

A son arrivée au lieu destiné pour le festin, M. le baron fut salué par une salve de 21 coups de canon, et accueilli au son de la musique. Les maîtres des cérémonies firent placer chacun des convives à la place qui lui était destinée, et l'on voyait unis dans la salle du banquet les pavillons de France et d'Haïti; sur les balcons, ces mêmes pavillons se trouvaient arborés avec ceux de toutes les nations.

Les toasts suivants furent portés :

« *Le secrétaire-général* : A S. M. Charles X, roi de France et de Navarre, à son fils le dauphin, et à la famille royale. Puisse cette famille antique régner toujours sur la France, pour le bonheur des Français et de l'humanité. (21 coups de canon.)

» *Le baron de Mackau* : Messieurs, je vous demande la la permission de réunir deux santés qui ne peuvent être séparées.

» A S. Ex. le président d'Haïti, le général Boyer; qu'Haïti soit longtemps, longtemps heureuse ! que rien ne trouble jamais les liens fraternels qui s'établissent entre elle et notre pays, et que nos derniers neveux disent comme nous :

» *Vive Haïti! vive la France!* (21 coups de canon.)

» *Le général Thomas* : A M. le baron de Mackau : puisse le négociateur heureux de l'indépendance d'Haïti jouir longtemps de toutes les prospérités et vivre dans la mémoire de notre postérité.

» *L'amiral Grivel :* A la mémoire de l'illustre Pétion : les Haïtiens ne doivent jamais oublier que le courage et la sagesse de ce grand homme ont préparé l'heureuse journée que nous fêtons.

» *Le docteur Pescay, inspecteur en chef du service de santé :* A la religion chrétienne : elle est la source de toute charité parmi les hommes ; elle a répandu la civilisation sur toute la terre ; elle a détruit l'esclavage domestique ; elle réunira, quelque jour, tous les enfants d'Adam, par la même croyance morale, par les mêmes sentiments d'humanité. C'est à son influence qu'est dû l'événement que nous célébrons en ce beau jour.

» *L'amiral Jurien :* Au général Inginac, secrétaire-général de S. Ex. le président d'Haïti.

» *Le général Chanlatte :* A S. A. R. le Dauphin, duc d'Angoulême. (21 coups de canon.)

» *Le général Panayoti :* A la marine française : puisse-t-elle continuer à être commandée par les amiraux et les officiers qui fraternisent aujourd'hui avec nous ! (21 coups de canon.)

» *Le sénateur Gayot :* Aux nations étrangères qui imiteront le bel exemple que la France vient de donner.

» *Le sénateur Daumec :* Aux progrès des sciences et des arts, au développement de la culture, à l'amitié, à la reconnaissance que nous devons au commerce étranger, qui a, dans les temps malheureux, partagé nos dangers et nos misères.

» *Le colonel Frémont :* Aux vrais philanthropes de tous les pays. Aux progrès de la civilisation : puisse-t-elle éclairer tous les hommes sur leurs véritables intérêts !

» *M. Frédéric :* Aux dames haïtiennes, dont la présence va compléter si agréablement pour nous cette immortelle journée.

» *Le secrétaire-général Inginac :* A la loyauté et à la bonne foi : les Haïtiens ont juré sur l'honneur d'en faire la base de leurs rapports avec ceux qui traverseront les mers pour arriver, avec des vues amicales, aux rives de leur île fortunée. »

PROCLAMATION AU PEUPLE ET A L'ARMÉE.

« *Jean-Pierre BOYER, président d'Haïti.*

» Haïtiens !

» Une longue oppression avait pesé sur Haïti : notre courage et des efforts héroïques l'ont arrachée, il y a vingt-deux ans, à la dégradation, pour l'élever au niveau des États indépendants. Mais il manquait à votre gloire un autre triomphe. Le pavillon français, en venant saluer cette terre de liberté, consacre en ce jour la légitimité de votre émancipation. Il était réservé au monarque, aussi grand que religieux, qui gouverne la France, de signaler son avénement au trône par un acte de justice qui illustre à la fois et le trône dont il émane, et la nation qui en est l'objet.

» Haïtiens ! une ordonnance spéciale de S. M. Charles X, en date du 17 avril dernier, reconnaît l'indépendance pleine et entière de votre gouvernement. Cet acte authentique, en ajoutant la formalité du droit à l'existence politique que vous aviez déjà acquise, légalisera, aux yeux du monde, le rang où vous vous êtes placés, et auquel la Providence vous appelait.

» Citoyens ! le commerce et l'agriculture vont prendre une plus grande extension. Les arts et les sciences, qui se plaisent dans la paix, s'empresseront d'embellir vos nouvelles destinées de tous les bienfaits de la civilisation : continuez, par votre attachement aux institutions nationales et surtout par votre union, à être le désespoir de ceux qui tenteraient de vous troubler dans la juste et paisible possession de vos droits.

» Soldats ! vous avez bien mérité de la patrie. Dans toutes les circonstances, vous avez été prêts à combattre pour sa défense. Vous serez toujours fidèles à vos devoirs. La confiance dont vous avez donné tant de preuves au chef de l'État, est la plus douce récompense de sa constante sollicitude pour la prospérité et la gloire de la république.

» Haïtiens ! montrez-vous toujours dignes de la place honorable que vous occupez parmi les nations ; et, plus heureux que vos pères, qui ne vous avaient transmis qu'un sort affreux, vous léguerez à votre postérité le plus bel héritage qu'elle puisse désirer, la concorde intérieure, la paix au dehors, une patrie florissante et respectée.

» Vive à jamais la liberté !
» Vive à jamais l'indépendance !

» Donné au Palais-National du Port-au-Prince, le 11 juillet 1825, an 22e de l'Indépendance.

» BOYER.

» Par le président :

» Le secrétaire-général,

» B. INGINAC. »

Lightning Source UK Ltd.
Milton Keynes UK
UKOW05f0211200117
292424UK00001B/16/P